A New Era of Eurasia:

Sino-Russia Think Tanks Joint Research on the New Increments of Joint Rejuvenation

开启亚欧新时代

中俄智库联合研究
两国共同复兴的新增量

中国人民大学重阳金融研究院　编写
王　文　［俄］谢尔盖·格拉济耶夫　主编

人　民　出　版　社

目 录

CONTENTS

第二篇　开启亚欧新时代

——中俄“一带一路”与“欧亚经济联盟”对接的现状、问题及思考

第三篇　去欧洲，向北走

——中俄共建“冰上丝绸之路”支点港口研究

第四篇 培育中俄复兴增量

——两国智库关于中俄经济金融合作的共同研究

第五篇 近年俄罗斯对华认知心态的新变化及其前景展望

序

智库研究是加强合作的有效路径

中国人民大学重阳金融研究院的研究者们，以推进“一带一路”建设为切入口，几年来结合国际形势复杂演变的动向，持之以恒地密切跟踪观察俄罗斯及欧亚地区相关国家政治经济形势的发展脉络，围绕中俄两国领导人分别提出的“一带一路”倡议和“欧亚经济联盟”发展战略，深入剖析中俄在欧亚地区存在的种种现实问题，探讨中俄在欧亚地区开展战略合作的合作机遇，并取得了可喜的成果。

两年多时间，人大重阳金融研究院会同俄罗斯还有哈萨克斯坦的高端智库学者，在充分调查研究、查找大量资料和数据以及展开多轮经济对话的基础上，写出了四份分量很重的研究报告，涉及重塑欧亚空间、中俄共建“冰上丝绸之路”支点港口研究、中俄经济金融合作、“一带一路”与“欧亚经济联盟”对接等诸多重要课题。研究报告由双方各自上呈，分别得到国家主要领导人和政府部门负责人的批示和指示。

四份报告，给人突出的印象，一是强调双方合作的必要性、重要性，潜力巨大，前景广阔；二是在充分肯定合作成果的同时，不回避困难和问题，努力寻找问题及症结所在；三是提出具有前景性的解决方案和可操作的政策建议。

例如，2017 年报告指出，中俄作为大欧亚伙伴关系的主要参与者，不仅要采取切实有效的举措推动欧亚地区国家之间的经贸合作，还要增强这些国家在全球经济治理中的发言权和影响力；不仅要成为新一轮全球化的倡导者，还要成为推动全球经济创新增长的动力源泉和新规则制定的主要贡献者。这个提法，既有它的现实意义，也有一定的前瞻性。

再如，2018 年报告强调，中俄两国面临着几乎完全相同的六大历史使命，即实现民族复兴、维护主权完整、推进经济转型、承担国际责任、维护世界和平、推动全球发展。这个概括，现在看来依然十分准确到位。

又如，2018 年报告点明，中俄相关部门或企业签署了项目合作协议，但在执行过程中却困难重重。这里面，双方都有问题。如俄方某些地区经常通过配额、许可证、质检标准等手段和方式限制中国在相关地区的投资。中国企业在投资过程中，对当地居民的利益诉求考虑不周，对他们的生活方式也不够尊重，等等。都有恰如其分的评价。

最后，2019 年报告提出，为反对美国的金融霸权和制裁，中俄两国政府间和国有企业的贸易，应更多使用本国货币结算；要支持双方国有银行支付系统实现对接，包括“银联”和“Mir”系统对接；要建立基于区块链技术的电子支付系统；要建立使用本国货币的专门发展银行；等等。这些具体建议，有的已被双方正式采用，有的准备付诸实施，有的则是下一步发展必然要做的。

2018 年 5 月，中国与“欧亚经济联盟”正式签署经贸合作协定。现在已经生效。这标志着中国与联盟及其成员国经贸合作从项目带动阶段进入到了制度引领的新阶段，掀开了中国与俄罗斯及欧亚地区合作的新篇章。在不久前发布的“一带一路”五通指数有关报告中，俄罗斯成为测评的 90 多个“一带一路”沿线国家中与中国连通指数最高的国家。政策沟通、设施联通、贸易畅通、资金融通、民心相通 5 个领域的综合指数，远超各国的平均值。这些数据表明了中俄务实合作的新进展，也增添了我们进一步加大合作力度的信心。

今年是中华人民共和国成立 70 周年，也是中国和苏联及苏联的继承者俄罗斯联邦建立外交关系 70 周年。回顾以往，可以说中俄关系经受住了历史风云和各自国内变化的种种考验，日益成熟、稳定、坚韧。特别是自 20 世纪 90 年代到现在，中俄关系连续上了几个台阶，从相互视为友好国家发展到全面战略协作伙伴关系，两国签署了以“世代友好，永不为敌”为宗旨的中俄睦邻友好合作条约，全面彻底解决了历史遗留的剩余边界问题，双方的政治互信大大增加，相互尊重、平等互利。在政治、经济、科技、军事、人文、国际和地区事务等各领域的合作蓬勃展开，取得了十分丰硕的成果，给两国人民带来了实实在在的利益，也为地区和世界的和平、稳定与发展作出了重大贡献。

今年6月初，两国元首在莫斯科签署联合声明，宣布发展中俄新时代全面战略协作伙伴关系，并确定了发展的总体目标和路径，这就是：双方将充分利用两国各层级交往机制和完备的合作平台，就各自大政方针、内外政策、发展战略等重大问题坦诚深入沟通交流，加大相互支持的力度；双方将深入挖掘合作潜力，推动构建全方位的中俄互利合作新格局，实现更紧密的利益融合；双方将鼓励两国社会各界、各地方加强交流互鉴，促进理念沟通、文化融通、民心相通；双方将继续秉持公平正义，同国际社会一道，坚定维护以联合国为核心的国际体系，坚定维护以联合国宪章宗旨和原则为基础的国际秩序，推动世界多极化和国际关系民主化。

按照这个总体目标，中俄加强合作，无论在战略层面还是在实际的项目合作上，都还有相当大的空间可以挖掘和安排。中俄不结盟，开展合作不针对第三方，不等于我们不能更多地开展更加有效更加务实更加满足双方利益的合作，不等于我们不能为维护世界和平、稳定与发展作出更多体现责任的担当。

而智库在这些方面恰恰可以发挥十分独特的作用。我希望中俄两国的智库学者及政治评论家们，多加强交流，多深入研究，多为我们两国政府排忧解难，多为我们两国领导人拿出具有前瞻性的报告和可操作的解决方案，以适应中俄全面战略协作伙伴关系走进新时代的需要，适应国际格局不断深刻演变和全球化发展的需要，适应构建新型国际关系和人类命运共同体的需要。

周　力

（中共中央对外联络部原副部长、中国人民争取和平与裁军协会副会长）

2019 年 10 月

前　言

智库合作助推中俄关系发展

《开启亚欧新时代：中俄智库联合研究两国复兴的新增量》致力于探索建构世界经济新秩序的战略性议题。这些重要议题不仅关系到中俄关系的发展、“一带一路”倡议与“欧亚经济联盟”的对接，对全世界亦有重要意义。中俄经济合作新模式，是在平等互利、相互尊重国家主权、互不干涉内政、严格遵守国际法准则等原则基础上，由欧亚大陆上两个大国共同构建的，并对所有寻求和平与睦邻友好的国家都具有吸引力。

本书不仅介绍了中俄新时代全面战略伙伴关系的合作成果，也深入分析了其双边和多边合作中的典型问题，并尝试寻求最佳解决方案。研究发现了两国在政治领域的高层互动与经济合作程度之间的不平衡现状，说明两国经济合作仍具有极大的发展潜力。本书基于两国间具有比较竞争优势的大型投资项目研究，发现这种失衡的原因并得出解决方案。

俄罗斯和中国都在20世纪下半叶从以相似的指令性体制调控国民经济转向市场化经济改革，而今两国现行的经济调控体制和取得的发展成果却有很大的不同。直至今日，中国在坚持社会主义基本社会制度的基础上，使私营企业在社会主义的国家宏观调控下发展社会主义市场经济体制。然而俄罗斯完全废除了国家计划经济体制，在国际货币基金组织和西方顾问的指导下，建立和发展了一种极端自由的经济模式。中国在经济增长和社会福利方面均处于世界领先地位。作为资本净输出国之一，中国的国内生产总值增长了30倍；而在俄罗斯，这一指数的动态变化不大。

尽管各自的发展速度和调控体系存在显著差异，但中俄两国的国民经济是相辅相成的：比较竞争优势的结合可以使两国的经济合作产生巨大的协同效应。因此两国需消除由于目标设定体系和经济发展规律的国情差异所产生的跨境壁垒 。本书为中俄两国实现有效合作指明了重点方向。

为实现普京总统、习近平总书记所倡导的欧亚经济联盟与“一带一路”倡议有效对接的目标，中俄两国需紧密联系、协调配合建立经济调控机制。第一，应在促进货币支付体系一体化、建立两国银行间直接业务往来关系 、推动发展数字货币工具的基础上推动国家货币调控方式转型。第二，应扩大既有合作成效并创新推动联合发展机制。第三，应建立具有共同监管和调控体系的超国家型联营企业，以实现制订和实施大规模联合投资项目的目标。第四，应扩大海关监管部门的合作空间，为两国贸易建构“绿色通道”。第五，应在两国近日签署的《中华人民共和国与欧亚经济联盟经贸合作协定》的基础上，进一步完善合作的法律制度建构。

本书强调并解决了上述关于“一带一路”倡议与“欧亚经济联盟”的对接及问题讨论。我们认为本书对所有从事相关研究领域或对此议题感兴趣的读者——政府官员、企业家与职员、科学专家与学生等都具有重要价值。

格拉济耶夫（俄罗斯总统经济顾问）

2019 年 10 月

第一篇

重塑亚欧空间

——来自中国、俄罗斯和哈萨克斯坦智库的共同观点

一、亚欧战略提出的背景分析*

（一）国际经济发展视角下的亚欧区域经济

从 20 世纪末到 21 世纪初，全球经济快速发展，人均生活水平达到了前所未有的高度。随着新型经济体、转型经济体日益融入到国际经济体系当中，科学进步日新月异，人们的平均生活水平提高到了前所未有的高度。从 1980 年到 2008 年，全球人均国民生产总值（GNP）翻了 1.5 倍。中低收入国家在人口增长 60%

* 本报告由中国人民大学重阳金融研究院、俄罗斯瓦尔代国际俱乐部欧亚项目团队，以及哈萨克斯坦国际关系委员会共同撰写。该文也收录到"人大重阳研究报告第 25 期"，题为《重塑欧亚空间——来自中国、俄罗斯、哈萨克斯坦智库的共同观点》，于 2017 年 5 月 16 日发布。

的情况下，实现了 GNP 翻番。①

新兴经济体已成为世界经济发展的引擎。2000 年以来，中国人均 GDP 翻了三倍，印度翻了两倍。俄罗斯、巴西、南非、墨西哥和印度尼西亚的发展速度也令人惊叹。随着发展中国家经济快速攀升，世界经济格局发生根本改变。经济总量上，2008 年发达国家 GDP 占全球的 65.7%，2013 年降至 45.7%；贸易投资上，七国集团（G7）成员国占全球进口的比重从 50%降至 37%；经济增量上，2008—2011 年全球经济增长近 90%来自发展中国家。根据渣打银行的预计，到 2030 年，新兴经济体占全球 GDP 的比重将从 38%升至 63%，贸易额将占全球的 40%以上，贡献全球 70%的经济增长。

虽然新型经济体增速仍然高于发达国家，但是其绝对水平已经开始下滑。近年来，中俄两国经济增速开始放缓，亟须寻找全新的经济增长动力。

外部因素让这一情况雪上加霜。在过去的几十年中，经济增长一直与国际贸易相辅相成。正是通过国际贸易，推动了经济繁荣发展，从而进一步推动国际贸易。然而，如今这一正反馈机制已经终止。2012 年以来，国际贸易不断放缓，2014—2015 年间甚至开始收缩。② 新兴国家引领增长的局势已经难以为继。从

---

① 《世界发展指数》（World Development Index, WDI）（1980—2008 年）。

② 《世界投资报告 2016：投资者国籍及其政策挑战》，联合国贸易和发展组织，UNCTAD，2016。

2010年起，跨国企业的利润开始下降①，国际投资也呈下降趋势。外国直接投资在2013—2014年呈下降趋势，2015年有所反弹，2016年再次下降。目前，非关税保护主义措施越来越多（尤其是所谓目标导向的保护主义措施）（见图1–1）。同时，制裁措施（至少是大国之间）也对国际合作有负面作用。贸易保护主义重新抬头，即便是原本支持自由贸易的美国也不例外。

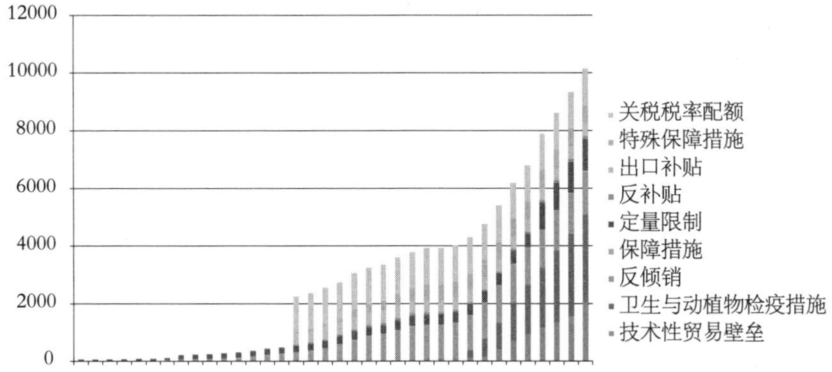

图1–1　非关税保护主义措施（1980—2015年）

数据来源：世界贸易组织I-TIP数据库。

将贸易保护主义和制裁手段作为外交政策使用，是目前全球经济发展的重要特征。美国和欧洲已经拥有一整套方法，利用各国经济的相互依存，大打经济战争，从而达到压制对手的目的。其他国家必须要发展新型合作方法，以应对全球经济状况。因此，中俄必须要加强金融合作，鼓励本币结算，充分进行优势

① 《世界投资报告2016：投资者国籍及其政策挑战》，联合国贸易和发展组织，UNCTAD，2016。

互补，实现经济、商品和能源安全。

虽然存在内外部的压力，中俄作为大亚欧伙伴关系的主要参与者，双方经济互补性强，经贸合作潜力大，不仅应采取切实有效的举措来加强亚欧地区国家之间的经贸合作，避免经济下行，而且要增强亚欧地区国家在全球经济治理当中的发言权和影响力。中俄两国不仅要成为新一轮全球化的倡导者，而且要成为推动全球经济创新增长的动力源泉和新规则制定的主要贡献者，从而引领新一轮的全球化。

（二）亚欧战略在区域发展中扮演的角色

2015 年 5 月 8 日，即莫斯科红场纪念卫国战争胜利 70 周年大阅兵前一日，中俄两国元首发表联合声明，提出将“一带一路”倡议与“欧亚经济联盟”进行对接。此举后来得到“欧亚经济联盟”其他成员国的支持。此后，亚欧五国（俄罗斯、哈萨克斯坦、白俄罗斯、吉尔吉斯斯坦和亚美尼亚）于 10 月 16 日，在哈萨克斯坦的阿斯塔纳市宣布了合作意向。2015 年 8 月，正式协商开始启动。“对接”这一概念之所以出现，主要因为俄罗斯已经意识到，不能仅仅把亚欧地区看作其需要防卫的“后花园”，更是要大力开发。若是不重视亚欧地区，会给外部势力可乘之机，对中俄关系产生不利影响，甚至逼迫其他亚欧国家站队选边。“欧亚经济联盟”确定了法律框架，有利于交通和物流基础设施发展，丝绸之路经济带可以极大地促进贸易和投资。中国在打造经济带方面经验丰富，拥有构建国际经济带的能力，能够全面促进资源、生产和市场的有效利用。

中国一直以共商、共建、共享为“一带一路”建设的原则，以和平合作、开放包容、互学互鉴、互利共赢的丝绸之路精神为指引，以打造命运共同体和利益共同体为合作目标，得到沿线国家广泛认同，截至2018年年底，中国已累计同122个国家、29个国际组织签署了170份政府间合作文件。2013—2018年，中国与“一带一路”沿线国家进出口总额达64691.9亿美元，[①]一系列重大项目落地开花，带动了各国经济发展，创造了大量就业机会。“一带一路”倡议，来自中国，惠及世界。

① 《数说“一带一路”成绩单》，2019年2月18日，见yidaiyilu.gov.cn。

二、中国、俄罗斯和哈萨克斯坦参与亚欧战略的共同看法

（一）中国在亚欧地区的地位和意义

如今，中国是“欧亚经济联盟”重要的贸易和投资伙伴，其重要性与日俱增。

目前，中国与亚欧经济联盟在投资项目上的合作对象，主要是哈萨克斯坦和俄罗斯企业。开展投资是中国亚欧战略的重要部分，途径多种多样，包括优惠贷款、合同外包、直接投资、投资贸易关系等等。

在“欧亚经济联盟”国家里，中国与哈萨克斯坦的投资合作尤为密切。从 1992 年到 2013 年，中国在哈萨克斯坦累计投资达 200 亿美元。其中，120 亿美元用于石油，60 亿美元用于油气管

道的建设。仅从 2010 年到 2016 年，中国在哈投资已经超过 110 亿美元。①

“一带一路”沿线的其他“欧亚经济联盟”国家主要接受俄罗斯企业的投资。中国在吉尔吉斯斯坦投资较少，与白俄罗斯的投资往来也非常少，而与亚美尼亚的投资往来则趋近于零。

除投资合作以外，中国也是“欧亚经济联盟”的重要贸易伙伴。2018 年，中国与“欧亚经济联盟”的贸易额高达 1270 亿美元，占其外贸总额的 16.76%。该联盟与中国之间的相互贸易极不平衡。根据 2018 年的统计数据，中国是俄罗斯和吉尔吉斯斯坦第一大贸易伙伴，是哈萨克斯坦第二大贸易伙伴。

“欧亚经济联盟”对华出口额从 2014 年的 523 亿美元，下降到了 2015 年的 351 亿美元，乃至 2016 年的 329 亿美元。② 究其原因，在于中国大宗商品需求疲软，而大宗商品占“欧亚经济联盟”出口比重为 70%，机械设备占其进口比例为 45%。因此，有必要实现从大宗商品出口到高科技、高附加值商品的转型。

“欧亚经济联盟”对接“一带一路”倡议，不仅是为了完善区域运输物流，更是为了打造一个共同的平台。中方认为，这一平台可以通过在“欧亚经济联盟”和上海合作组织国家之间设立

① As per the data of the National Bank RK/URL; http://www.nationalbank.kz/?docid=680&switch=russian，2017 年 4 月 10 日访问。

② As per the data of Eurasian Economic Commission/URL; http://www.eurasiancommission.org/ru/act/integr_i_makroec/dep_stat/tradestat/tables/extra/Pages/2016/12.aspx, 2017 年 4 月 10 日访问。

自贸区来实现。然而，有些成员国认为自贸区只对中国有利，设立自贸区会促进中方对中亚和俄罗斯出口，却会使得当地企业无法在非大宗商品领域与中国企业平等竞争，失去竞争力。

在这一问题上，“欧亚经济联盟”国家必须决定其所能接受的条款。该自贸区还必须确定例外条款，因为自贸协定无法囊括所有产品和服务。自贸区在进行谈判时，必须要妥善照顾每个国家的利益。

中国是“欧亚经济联盟”的第二大贸易伙伴，仅次于欧盟。“欧亚经济联盟”需要中国来实现出口多元化。除此以外，中国还可以帮助“欧亚经济联盟”消除农产品出口壁垒，提升制造业迈向新高度，这不仅关系到双边经济发展，也是双边安全的现实性需要。俄罗斯与中国立场类似，关乎区域政治体制的稳定性。

对于俄罗斯而言，最理想的情况是中国参与“欧亚经济联盟”的投资。对于中国来说，最理想的情况是俄罗斯能够协助打破亚欧地区的经济壁垒，保障地区的秩序与安全。尽管双方愿景不尽相同，但俄罗斯和中国拥有共同利益。

（二）俄罗斯在亚欧地区的地位和意义

“欧亚经济联盟”对俄罗斯在提振内需消费、维持社会经济稳定、发展工业等方面发挥着重要作用。尽管该联盟相对于俄罗斯而言经济体量很小，其对俄罗斯制造业（工程、汽车）的发展却起到了至关重要的作用，也塑造了中俄贸易的流向和形式。

俄罗斯参与“欧亚经济联盟”与中国提出“一带一路”倡议的出发点是不同的。俄方认为，全球化会逐渐失效，因此必须打造一个更加强大的亚欧中心。相比之下，中国不仅仅是基于发展的需要，更是为了寻求自身发展的安全环境、贸易交流的开放性和多元性。也就是说，中国不仅需要在亚欧地区建立发展中心，更需要寻找一个开放、安全的通商途径。

与此同时，俄罗斯和中国需要找准定位，应对不断变化的经济环境。中国经济放缓的本质是结构性问题。

俄罗斯也是如此。从 2012 年起，俄罗斯经济发展一直处于下行空间，俄罗斯经济发展的关键，就是改善单一的能源导向型经济发展模式。

俄罗斯推动“欧亚经济联盟”的目的是为了寻找经济增长的新动力。俄罗斯认为可以借机打入亚洲市场，推动与“欧亚经济联盟”国家发展贸易，在西伯利亚和远东地区吸引基础设施项目投资。中俄两国都认为，在打造共同增值链方面拥有巨大的潜力。

（三）哈萨克斯坦在亚欧地区的地位和意义

哈萨克斯坦是一个爱好和平、维护国际民主的国家，同时也是一个倡导世界无核化、反对军备竞赛的地区领导者。该国奉行地区睦邻友好政策，是很多地区性合作组织的参与者。

具体而言，哈萨克斯坦目前已与169个国家建立外交关系，有遍布于海外的94个大使馆，同时有超过50个外国大使馆和机构位于这个国家。哈萨克斯坦是54个国际组织、基金，8个地区性组织和11个跨部门组织的成员。

由于其独特的地理环境，哈萨克斯坦在维护地区稳定、推动地区合作中发挥着建设性作用。哈萨克斯坦一方面与伊斯兰会议组织、上海合作组织和“欧亚经济联盟”展开对话，另一方面也与欧洲安全与合作组织联系紧密。2017—2018年，哈萨克斯坦共和国担任了联合国安理会非常任理事国。

哈萨克斯坦不仅仅是矿物出口国，也是亚欧两大洲之间的中转站。因为有巨大的转口贸易需要，该国基础设施建设发展迅速，地区收入也得到了提高。

哈萨克斯坦在“欧亚经济联盟”以及“一带一路”倡议中扮演着重要的角色。若能把握好两者带来的机遇，将会给哈萨克斯坦带来巨大的经济收益，尤其能帮助该国释放运输、转口和物流方面的潜力。根据专家估计，通过加强合作，经过哈萨克斯坦的贸易量将超过500亿美元①。

① Khon Yevgeniy. Kazakhstan in the Integration Processes: Role of the EAEU and the Silk Road Economic Belt/ URL; http://www.eurasiahub.org/data/ftp-root/2016/2015_GPAS_International/2-3.pdf，2017年4月10日访问。

哈萨克斯坦政府已经采取一系列手段，推动相关行业发展。目前，哈萨克斯坦正在实施国家运输基础设施发展项目，以及2015—2019“光明大道”基础设施开发项目。此外，运输业发展还被纳入了《哈萨克斯坦–2050》战略。2016年9月，中哈两国领导人在杭州签署相关协议，共同推动“光明大道”和“丝绸之路经济带”项目。

中哈关系能否更上一层楼，取决于双方的共同商业项目能否得到进一步推动。2015年8月31日，中哈两国元首签订了全面战略伙伴协议，掀开两国深化经济合作的新篇章。

根据目前计划，中方共有52个项目将于哈萨克斯坦展开，总值240亿美元，涉及农业、机械工程以及自然资源加工、炼油厂建设等领域。2016年以来，中哈共同推动投资项目12个，其中最大的几个项目包括哈萨克斯坦东部的铜冶炼厂，阿特劳地区的铜冶炼厂建设以及奇姆肯特炼油厂的翻新。

中哈两国签订合作协议，有助于哈萨克斯坦应对世界经济危机，加强两国经贸往来，推动双方在能源、转口贸易方面的合作。

（四）中国学者对亚欧地区战略问题的分析

中国学者认为中俄之间的问题主要由三个方面原因导致：一

是双方相互认识不够与交流渠道不足；二是中俄之间在战略层面存在一些重合甚至竞争；三是切实开展的合作项目仍有很大的提升空间。

首先，虽然中俄两国保持着良好的全面战略合作伙伴关系，但两国人民相互了解仍然不够，其成因既有近代历史因素，也有现代因素。

20 世纪 90 年代初苏联解体之后，俄罗斯高层人士，特别是许多经济界高层人士严重受到西方思想影响，积极寻求加入西方阵营以获得金融援助，重振经济。在这一时期，中国和俄罗斯中产阶级普遍选择前往西方国家接受教育，中俄双边交往相对较少。加之大众受到西方文化的“软实力”影响，彼此了解相对减少且受到西方不实宣传影响，在年轻人和民间产生了有关对方的负面印象，在潜意识中互相认为对方是竞争对手，其中俄罗斯人的疑虑更甚。

21 世纪以来，俄罗斯政界上层在发现西方世界并没有合作诚意后选择加强与中国的联系，但是已经无力改变苏联解体后俄罗斯与西方世界的经济联系网络，也无力改变民间和年轻一代对于中国比较冷漠的态度。相形之下，反而是苏联时代对于美国敌意较重的老年人对中国认同感较多。另外，目前两国的人员往来不够频繁、多层次的交流机制不足等现象也不符合中俄全面战略协作伙伴关系的要求。

其次，双方的发展计划与方向产生了一些重合甚至竞争，尚须双方加强交流与协作。

中国和俄罗斯作为新兴发展经济体和金砖国家成员，同样依赖外国资本对本国经济的刺激，在一定程度上是资本市场上的竞争对手。

在对外战略上，俄罗斯长期视独联体国家为基本盘，特别是土地面积广阔的中亚地区以及作为西部缓冲区的白俄罗斯。俄罗斯希望以此为基础由北向南联合伊朗、叙利亚等中东国家；中国的“一带一路”倡议在方向上强调东西交往，沟通东方制造业基地和西方市场。二者的发展不可避免地给中俄两国在亚欧地区的影响力带来竞争关系。中俄之间虽然长期贸易来往频繁，但是规模相对较小，仅仅相当于中国对美国贸易额的15%左右，两国的合作项目有待提高。

作为中俄之间经贸往来的基础之一，双方的基础设施建设和法律法规仍然存在一些差异，容易阻碍两国合作的进一步发展。

中俄之间有着漫长的陆上边界和多个边境贸易中心，对陆路交通依赖程度较高，公路和铁路运输在双边贸易中发挥着重要作用，由基础设施建设水平和法律法规差异而导致的障碍在亚欧合作过程中将有可能被进一步放大。

以公路运输为例，1998年俄罗斯联邦曾立法全面禁止外国企业在俄罗斯从事包括载客、载货方面在内的经营活动。虽然之后进行了改革，但是却以向外国运输商征收高额公路使用费的

“市场化”手段实行本国货运保护。

限制亚欧地区和中国铁路运输的一个重要因素是铁路轨距问题。中国已经在铁路轨距问题上参照使用国际通用的1435毫米标准轨，以便加强国家间的铁路物流运输；俄罗斯、哈萨克斯坦等国家由于历史原因使用1520毫米宽轨，造成自身铁路系统无法和东方的中国、南方的伊朗以及西方的欧盟进行对接。当货运火车抵达如霍尔果斯等边境口岸后不得不进行转运，造成时间、金钱浪费的同时，也降低了自身的竞争能力。

克服国际合作中的保护主义情结是双方都需要解决的一个问题。无论是中国政府、俄罗斯政府、哈萨克斯坦政府或者其他有意向参与亚欧合作的国家政府都应当意识到本国在对外开放中存在的一些不足并努力加以改进。

（五）俄罗斯学者对亚欧地区战略问题的分析

一系列因素阻止了中俄合作的进展，从而使得欧洲经济联盟及其参与者显得更为重要。首先，制裁会严重影响中方交易。中国的商业银行已经彻底融入了国际金融系统中，因此害怕与美方合作伙伴搞砸关系，放弃了对俄罗斯项目融资。当然，这些限制不适用于国家金融机构，比如中国进出口银行、国家开发银行以及丝路基金。这些机构基本参与了中俄合作项目的全部融资，但是这些机构毕竟资本规模有限。

总体而言，中国对西方制裁的态度让很多俄罗斯企业和银行颇感意外。俄罗斯银行及油气企业遭到西方制裁后，本想以亚洲的融资渠道代替欧洲，然而却没能吸引到足额的信贷支持。或许“欧亚经济联盟”国家在这方面可以扮演一定的角色，因为其与中国的合作不受限制。同时，这些组织也不那么容易受到美国制裁的威胁。

俄罗斯最关心的一个问题就是中国对国内市场的保护。俄罗斯远东市场容量有限，一般情况下应该把投资留给出口潜力最大的地方，但中国市场存在着诸多限制，严重影响着相关合作的深入与加强。确实，俄罗斯远东市场发展极为有限，但原因在于中国市场对很多俄罗斯商品都尚未开放。在此，不妨以俄罗斯在远东快速增长的农产品行业为例。当然，俄罗斯市场对中国商品也存在一些限制。

同时，一些俄罗斯学者认为，中国对俄罗斯产品还有进口配额限制（包括小麦、玉米、大米和糖类）。2015 年年底，俄罗斯和中国的卫生质检机构签署相关文件，放宽了俄罗斯动植物产品出口到中国的要求。1997 年，俄罗斯部分地区小麦因为矮星黑穗病而被禁止向中国出口，这次得以解禁。

这方面的贸易磋商已经拖延了很长时间。哈巴罗夫斯克、普里莫尔斯基、贝加尔、阿穆尔和犹太自治区出产的玉米、大米、大豆和油菜（用于食品加工）已经可以向中国出口，但对于其他地区而言限制条件依然存在。同时，中方要求必须将谷物装在麻袋里，不能散装。

针对其他产品，也存在很多限制出口的条件。如 2000 年以后，俄罗斯的偶蹄哺乳类动物和肉、蛋、奶类产品也被禁止向中国出口，主要原因在于普里莫尔斯基地区双城子爆发了口蹄疫。除了直接禁止，还有各种技术壁垒，如质量标准、复杂的海关程序等，造成其产品难以进入中国市场。

中俄合作的一大短板在于中国的中小企业在俄罗斯业务开展较少。一方面，主要是对中小企业缺乏关注，另一方面，缺乏相关机构为中小企业对俄投资提供帮助和支持。

中国政府应该提高辅助中小企业的意识，为其提供各种法律援助，帮助其与俄罗斯市政府和地方政府进行协调磋商。这将极大地帮助中国的中小企业打入俄罗斯市场。俄方有意愿支持中国中小企业，但难以独立进行组织协调。总体而言，中方似乎不够重视俄罗斯“向东转”的战略。在中国，很多人认为俄罗斯为了应对西方的制裁别无他法，会不惜一切代价与中国达成协议，从而打破封锁。

如果中国不将亚欧地区视作“一带一路”倡议的一个过境地区，而是关注于区域一体化；如果中国对地区发展的开放程度提出要求，并且拒绝投资——中俄的利益将无法调和，在外部势力煽动下极易发生冲突。

中俄两国在贸易标准方面存在的差异让俄罗斯感到忧虑，

中方应该更加关注中亚地区中长期的合作与安全，不能仅关注把亚欧大陆的大宗商品卖回给中国。

商品运送同样存在问题。目前，俄方铁路运力不足，无法满足本国的商业需要。俄罗斯物流企业以及物流中转站的规模无法消化来自中国的货物运输需要。

其他商品（如浆果、坚果、蜂蜜等）也有类似问题。中国常用的产品，俄罗斯不需要，反之亦然。

中俄在汽车进出口方面有很大希望。不久前，俄罗斯发货 200 辆拉达（Lada）汽车到中国进行测试。第一批测试结果于 2017 年年底发布。中俄原油和石化产品贸易也是源源不断。

俄罗斯原本要求，只能出口加工产品，不能出口原材料，然而中方往往不愿意接受这种要求。例如 2018 年，俄罗斯对华出口木及木制品高达 35.56 亿美元，同比增长 8.9%①，基本都是通过汽车运输的圆木。

但这并不意味着中俄贸易只有大宗商品，其实还包括像电子元器件、自动化设备、军火等高附加值产品。但是，双边贸易还有更大的潜力。问题在于，双方未能充分释放双边贸易潜力。因此，俄罗斯有必要加强服务，尤其通过俄罗斯和“欧亚经济联盟”的服务。

双方都要努力统一铁路货运标准。俄罗斯有必要加强环西

① 国别数据，商务部网站，https://countryreport.mofcom.gov.cn，2019 年 8 月 21 日访问。

伯利亚沿线和哈萨克斯坦出口端的铁路建设，并且进一步放松铁路集装箱运输管制。

中方则需要与企业家沟通，说服其将汽车运输改为铁路运输。目前，中方与吉尔吉斯斯坦和哈萨克斯坦东部的运输很大程度上都靠汽车运输。中国可以建设立体化运输中心，帮助进出口商在成本不变的情况下从汽车运输转向铁路运输，以便优化贸易流程。

中国的汽车运输已经加入了国际运输体系当中，对俄罗斯造成了极大的挑战。从乌拉尔到普里莫尔斯基地区运输条件相对落后。相比之下，新疆维吾尔自治区、内蒙古自治区、吉林较之相邻的俄罗斯地区的运输基础设施先进很多。中方的劳动成本、运输成本相对于俄罗斯拥有巨大的优势。因此，除非俄罗斯运输部执意干预，否则中国可能会占据越来越高的份额。与其不让中国进入汽车运输市场，不如寻求平衡以解决这一问题。哈萨克斯坦的相关部门和人员，往往也是采取“事不关己，高高挂起”的态度，从中国经由哈萨克斯坦至俄罗斯的汽车运输，也很有可能会面临这一情况。

另一个潜在的消极影响是中国的汽车运输服务可能会让本来已经过度政治化的俄罗斯市场雪上加霜，从而可能导致价格战、淘汰老旧车辆，或者大企业停止进行升级项目。这就要求政府制订十年期计划，进行道路升级建设。

（六）中俄在亚欧地区战略的机遇与挑战

中国和“欧亚经济联盟”国家携手打造生产链，共同将产品推广到第三方市场，合作前景巨大。随着“欧亚经济联盟”签订越来越多的贸易协定，相关合作还会进一步加强。

有人认为，同时推动“欧亚经济联盟”和“一带一路”倡议，挑战太过巨大。但是，二者完全可以做到齐头并进。中国为俄罗斯发展进行投资（可能还会吸引其他投资者），帮助其打造成科研、技术和制造中心（不会让“欧亚经济联盟”采取绝对的孤立主义政策，但是为了快速发展还是会采取一定的保护主义策略）。作为交换，中方获得在中亚的自由通行，可以让货物直接运到中东和欧洲。这是让“欧亚经济联盟”对接“一带一路”倡议的最佳机会。

经过近年来的良性发展，中俄两国关系达到“历史最好”阶段。迄今为止，习近平主席与普京总统已经进行了几十次会晤，其中 2016 年就有五次会面，在俄罗斯的民意测验中，中国也成为最友好的国家之一。新时代的中俄全面战略协作伙伴关系作为目前中国最高级别而且是独一无二的对外伙伴关系，一直保持着积极健康的、稳定的良好发展势头，堪称大国关系的典范。

自冷战结束以来，俄罗斯的亚欧战略经历了一场从亲近西方到回归传统，高度重视亚欧地区的大国外交战略的变化。同时，中国亚欧地区外交战略也正朝奋发有为的方向转型。两国在推动亚欧区域互联互通和亚欧一体化的问题上产生了战略重合，即“一带一路”倡议和“欧亚经济联盟”。

中俄双方高度重视“一带一路”倡议和“欧亚经济联盟”对接工作。2014年11月，俄罗斯总统普京在北京举行的亚太经济合作组织领导人第22次非正式会议上高度评价“一带一路”倡议的积极作用，习近平主席也曾在多次会议上强调推动“丝绸之路经济带”和“欧亚经济联盟”对接工作，拓宽中俄两国务实合作空间，带动整个亚欧大陆发展、合作与繁荣。2015年5月，中国与俄罗斯签署《中华人民共和国与俄罗斯联邦关于丝绸之路经济带建设和欧亚经济联盟建设对接合作的联合声明》，确认俄方支持“丝绸之路经济带”建设并愿与中方密切合作，推动落实该倡议。2016年6月23日，中国、蒙古国、俄罗斯三国签署《建设中蒙俄经济走廊规划纲要》，推进中蒙俄三国对接合作。

北京和莫斯科都感受到“中俄全面战略协作伙伴”关系的重大意义，继续发展两国关系已经成为一种战略惯性。然而，在具体落实“一带一路”倡议建设和推进亚欧一体化进程中，仍存在一些细节问题。

20世纪90年代，中国学界把中俄关系归纳为“政热经冷”“上热下冷”与“老热青冷”。意思是，中俄政府和高层交流紧密，但是贸易及人员往来不尽如人意，老一辈中国人对俄罗斯有较深的感情，而年轻一代对俄罗斯较为冷淡。经过最近十几年中俄双方的共同努力，包括相互举办国家年、文化年、语言年、旅游年、青年交流年和媒体交流年等系列活动，“三热三冷”的局面得到了明显改观。随着“一带一路”倡议的深入展开，虽然“中俄全面战略合作伙伴”关系基本解决了两国在亚欧地区的战略互信问题，但是两国在推进“一带一路”倡议和“欧亚经济联盟”合作时，也存在一些其他问题。

俄罗斯有人担心随着中国综合实力的不断上升，“丝绸之路经济带”的建设会削弱“欧亚经济联盟”的区域影响力。此外，部分俄罗斯学者认为“21 世纪海上丝绸之路”是俄罗斯多年来苦心经营的北方航线的竞争对手。①

经济合作方面，俄罗斯学者担忧中国在资源和能源方面对“欧亚经济联盟”国家投资过多，对当地制造业投资较少，技术转让不多。但是，随着中国经济进行全面深入的供给侧结构性改革，以及中国制造业与基础设施建设企业大规模走出国门，中国与俄罗斯、中亚等亚欧国家的投资和合作已进入巩固资源、能源合作，并开拓产能、技术等涉及产业链多个环节全方位的合作阶段。②

贸易往来方面，中方学者认为“欧亚经济联盟”为与中国联

---

① 李秀蛟：《俄罗斯智库专家对“一带一路”的评析》，《西伯利亚研究》2015 年第 6 期。

② 周密：《“一带一路”与欧亚经济联盟合作空间巨大》，《中国经济周刊》2015 年第 18 期。

系密切的中亚与亚欧国家竖起了一些不必要的贸易壁垒。一些中亚国家可能为获得联盟赋予的交通、贸易等方面的优惠条件而减少与中国的合作。同时，“欧亚经济联盟”在内部实行零关税、对外实行统一关税，使中国对相关国家出口成本增加，很有可能成为继续推进“丝绸之路经济带”与“欧亚经济联盟”对接合作的阻碍。

投资合作方面，根据《俄罗斯投资合作指南（2018 版）》，2017 年，中国对俄罗斯直接投资仅占当年我国对外直接投资规模的 0.9%，与中俄两国经济体量极不相称。① 此外，双方投资项目集中在能源资源开发等传统领域，现代意义上的高科技类项目投资亟待加强。

安全问题方面，中亚与亚欧地区面临着严峻的非传统安全挑战。暴力恐怖势力、宗教极端势力与民族分裂势力等“三股势力”，不仅给中国与中亚国家、俄罗斯与中亚国家之间的民心相通制造了障碍，还会破坏“一带一路”倡议和“欧亚经济联盟”对接项目所得利益和项目的可持续性。目前中国与俄罗斯主要是通过上海合作组织联合反恐的机制打击“三股势力”。

① 《2016 年中国企业对俄直接投资超 140 亿美元》，中俄资讯网，http://www.chinaru.info/zhongejingmao/lubuhtwuilv/45753.shtml，2017 年 4 月 11 日访问。

三、中俄在亚欧地区战略的合作与建议

（一）消除双边规制障碍

规则的统一化是实现互联互通的前提条件，可以有效降低互联互通中的不必要成本，也有助于降低国家之间各种形式的壁垒。

具体而言，可以分为两个层面，一是执行层统一，二是规制层对接。

首先，执行层推进同步化，逐渐对双边商品实行免税、免检以及国民待遇，对通关手续文件进行标准化，在扩大加深双方合作的同时，促进法律法规领域的相互了解。中俄双方已经进行了海关通关报关标准统一化的尝试，未来可以考虑在更广泛的地区内推广。

在规制建设方面逐步实现对接，在国内经贸、金融等制度建设与政策法规制定方面相互取长补短，包容互鉴，共同完善涉及亚欧区域合作、互联互通的治理体系。现在部分亚欧国家仍对本国产业施行保护主义政策。例如，目前俄罗斯法律对别国人员与资本进入公路运输业予以禁止。未来可以在这一领域逐步降低保护主义的限制，或对中国实行等同于本国公民的特殊最惠国待遇。

此外，中国和“欧亚经济联盟”成员国应着力推动中国—“欧亚经济联盟”自贸区谈判，并尽快在技术性贸易壁垒、服务贸易等方面取得早期收获，为中国在俄罗斯与“欧亚经济联盟”国家的投资者营造更加便利开放、透明公平、安全的投资环境。此外，中国还应与俄罗斯与其他亚欧国家加强投资与贸易法规的协调，加强对各国投资者与进出口企业的保护。

（二）产能合作助力基建升级

中国与亚欧地区国家在基础设施建设领域有广阔的合作空间。这一地区包括铁路、公路、海港、空港和电网等在内的大量基础设施普遍需要更新换代。以哈萨克斯坦为例，其基础设施软件存在老化问题，商用飞机则以经过改造的旧军机为主，未能及时换代。

中国与亚欧地区国家应当积极合作，对亚欧地区陆上交通网络、港口配套设施和电网进行升级与改造的工程加大投资力度。例如，公路的升级以及输电网络的重新设置与国际标准化，使其能够与中国或者其他沿线国家相应基础设施实现更好的对接，为进一步的商贸交往创造积极条件。产能、技术合作将为亚欧区域基建改造升级提供主要动能。“一带一路”倡议沿线亚欧区域国家正处于基础设施升级改造和工业体系完善优化的关键时期，对于机械、建材、钢铁和水泥等需求较大，而中国正拥有成员国所需的优质产能和生产能力，特别是在装备制造、工业设计、工程管理以及技术标准等方面有明显优势。① 因此，未来推进与俄罗斯以及亚欧区域国家产能合作的潜力巨大，要根据基础设施建设产业链走出去的新思维，既推进基础设施互联互通建设，也要加大与俄罗斯以及其他各国在技术、标准输出等方面的合作。

（三）资源交易扩大与金融合作深化

亚欧区域国家除了与中国的基础设施互联互通外，还要与中国在金融领域实现互联互通，两者相辅相成、互相促进。

① 金瑞庭：《加快推动“一带一路”战略与欧亚经济联盟对接》，《宏观经济管理》2016 年第 3 期。

资源合作，亚欧地区油气储量极为丰富，属于清洁化石能源的天然气储量占到了全世界的30.4%左右，原油资源则占到全世界储量约9.2%的比重。中国则是世界能源消费大国，能源进口需求旺盛。中国则可以通过亚欧地区较安全的陆上通道获取油气资源，使双方各取所需。

此外，沿线国家拥有丰富的铁、铀等工业矿藏，农牧资源和水资源，同样属于中国与欧洲两个消费市场需求范围。沿线国家也可以考虑通过进口中国的技术，利用中国对外投资，逐步实现由资源出口型产业到精炼加工型产业的转变，创造更多能够实现互利共赢的合作机遇。

金融合作，中国对外投资扩张势头明显，2018年全年中国对外直接投资1298.3亿美元，同比增长4.2%。

同时，中国在亚欧地区投资意愿迅速提升。截至2018年6月底，中国对哈萨克斯坦各类投资累计290.1亿美元，达到同时期主要投资国家增长幅度最高。这些投资的主体流向了制造业、零售业、采矿业等方向，促进了投资对象国实体经济的发展，进而推进了中国与投资对象国贸易的进一步发展。目前，中国对俄罗斯与亚欧区域各国的直接投资仍存在较大的增长空间，这为双方金融合作开辟了光明前景。

中国有能力、有意愿对亚欧地区进行资本投入。尽管亚欧地区已经设置了多处人民币离岸结算中心，但主要位于欧洲。亚欧沿线位于亚洲的国家缺乏人民币结算能力，导致区域贸易不得不以第三国货币结算，未来可以考虑以主要经济体主权货币进行结算，以减少汇兑损失。

中国与亚欧区域国家还需进一步整合并充分发挥亚洲基础设施投资银行和丝路基金等开发性金融机构的实际支撑作用，助推中国对俄与“一带一路”沿线国家、“欧亚经济联盟”国家投资深化，向整个产业链扩展。[①] 中国与亚欧区域各国可以考虑共建区域性国际合作银行，专门为亚欧地区跨境交易与包括基础设施建设在内的重点投资项目提供融资、信用担保等方面的便利。相较于基础设施和资源方面的合作需要较长建设周期，金融合作可以先期快速体现成效，并促进经贸往来、基础设施与资源联通方面的合作。中国在这一领域已经发起成立亚洲基础设施投资银行和丝路基金，相关合作已经展开，并且期待以后可以与各国主权信用建立更加紧密的联系，同时欢迎沿线各国以更加积极的态度与亚投行开展业务。

（四）多层次多层级的全面交流

中国与亚欧地区各国之间的人文交流合作可以在人才教育层面加深交流。亚欧发展中国家普遍对于技术工人和高级技术人

---

① 金瑞庭：《加快推动“一带一路”战略与欧亚经济联盟对接》，《宏观经济管理》2016 年第 3 期。

才需求较大，其中以油气业工程师、研究人员、医生和教育工作者的需求为主。

中国有亚欧地区较完善的教育培训体系并愿意为合作国家留学生提供相应的实习训练机会。2015 年中国启动了向发展中国家提供 12 万个来华培训和 15 万个奖学金名额的计划，并计划为发展中国家培养 50 万名职业技术人员。① 亚欧各国应当把握机会与中国合作，以促进自身人才培育。

此外，中国与亚欧国家间需要加强建设更加多元化、多层级化、多方面的对话机制。扩大对话议题设置范围，并加强各国政府间多个层级、非政府与人民团体间涉及人文、经贸、金融、产业、安全等各方面议题的对话与交流，并维持长期、稳固的非官方沟通交流渠道与机制。例如，中国已经与亚欧地区的俄罗斯、伊朗、哈萨克斯坦等国建立智库对话与商业交流活动，未来可以以此为基础推动更广范围、更机制化长期化的智库和商业对话机制。

（五）加强非传统安全威胁的应对

“一带一路”倡议与“欧亚经济联盟”对接合作中，亚欧区域各国人员往来将达到历史新高度。中亚与亚欧地区的暴力恐怖

① 《习近平访美，送出普惠中国和世界人民的“厚礼”》，人民网，politics.people.com.cn/n/2015/0929/c/001-27647171.html，2019 年 8 月 21 日访问。

势力、宗教极端势力、民族分裂势力也会借机破坏这种对接合作，意图阻碍中国与亚欧区域各国人民的民心相通。同时，亚欧区域的非传统安全威胁也对中国与亚欧各国企业与公民“走出去”、俄罗斯及亚欧各国的安全形势带来了挑战与威胁。因此，应进一步加强中俄两国与亚欧区域各国在上海合作组织框架下的反恐合作，加强中俄两国与亚欧区域各国在联合国等国际组织层面的反恐协作，并加强中俄两国与亚欧区域各国关于反宗教极端主义的沟通与协调。

第二篇

开启亚欧新时代

——中俄“一带一路”与“欧亚经济联盟”对接的现状、问题及思考

一、中俄"一带一盟"对接取得初步进展*

技术革命和世界经济关系的变革是同步的，世界经济结构和生产技术正在经历重要的转型阶段。同时，全球经济重心逐渐东移，新的经济体系、发展模式、生产组织方式和国际经贸关系在亚洲逐渐成形。此外，日益严重的不平等问题、贸易保护主义、制裁、贸易战、跨境资本流动等问题加剧了世界经济秩序的不稳定因素。

国际金融市场的高度不确定性为国家发展带来了额外的压力。在发达国家，股票市场的泡沫化以及生产主体的高负债率

---

* 本报告由中国人民大学重阳金融研究院和俄罗斯总统经济顾问格拉济耶夫团队共同撰写，刊登在俄罗斯主要期刊《欧亚一体化》2019 年第 3 期。该文也收录到"人大重阳研究报告第 40 期"，题为《培育中俄复兴增量——两国智库关于中俄经济金融合作的共同研究》，于 2018 年 7 月 16 日发布。

同经济的实际增长速度并不匹配。政府对于经济活动的调控能力非常有限。这一切都提高了金融风险，而且在资本全球化的今天，金融风险很可能蔓延全球市场，包括“欧亚经济联盟”和“一带一路”倡议成员国国内市场。此外，个别地区的政治紧张氛围也降低了商品市场的可持续性，增加了特定生产环节缺失的风险。

为了维护多边主义贸易秩序，以中俄为代表的发展中国家顺应时势，推出了“欧亚经济联盟”和“一带一路”倡议，以及“一带一盟”的对接。作为“欧亚经济联盟”的主要国家，俄罗斯最大的贸易伙伴是中国。在此基础上，秉持自愿、互惠、平等、透明的原则，并以尊重国际法和成员国利益为条件，两国将充分发挥领导作用，促进成员国和沿线国家的共同发展。

“一带一盟”对接符合中俄的共同利益。在很久以前，两国已经完成了重新接触，而世界经济中心的东移更加速了这一过程。两国经济的紧密联系为俄罗斯深化同欧洲和西方国家的合作提供了机会。而出于地缘政治、“欧亚经济联盟”国家丰富的资源以及巨大的经济潜力，“一带一路”倡议可以在欧亚大陆取得快速发展。“一带一盟”已经成为两国双边合作的关键领域，促使两国领导人在许多重大项目上达成共识。通过多边合作，“一带一路”和“欧亚经济联盟”的对接工作已经取得了显著成果。

（一）中俄“一带一盟”对接首脑层面达成高度共识

“一带一路”与“欧亚经济联盟”是中俄各自提出的国家复兴与发展的重大方略。2011年10月，时任俄罗斯总理普京在《消息报》撰文《欧亚新的一体化计划：未来诞生于今天》，文章指出，俄罗斯、白俄罗斯和哈萨克斯坦在推动欧亚经济一体化上迈出了重要一步，三方将在俄白哈关税同盟基础上创建欧亚联盟，俄白哈关税同盟成为“欧亚经济联盟”的雏形。2013年9月，中国国家主席习近平在哈萨克斯坦纳扎尔巴耶夫大学发表演讲，正式提出共建“丝绸之路经济带”倡议。2014年5月29日，俄白哈三国元首签订了《欧亚经济联盟条约》，并于2015年1月1日生效，“欧亚经济联盟”正式成立。

2015年5月8日，中俄元首在莫斯科发表《中华人民共和国与俄罗斯联邦关于丝绸之路经济带建设和欧亚经济联盟建设对接合作的联合声明》。该协议的签署表明中俄两国在欧亚地区推动合作取得战略共识，为推进欧亚区域发展提供了政治保障。“一带一盟”对接合作已经被提到中俄两国全面战略协作旗舰项目的新高度。

2016年6月25日，中俄两国在北京发布《中华人民共和国和俄罗斯联邦联合声明》，两国元首强调两国具体部门应该研究两大区域发展规划对接的具体落实措施。作为两国促进欧亚一体化的重要举措，“一带一路”与“欧亚经济联盟”对接开始从战略的高度被逐渐落实到实践层面。

2018 年 5 月 17 日，中国与“欧亚经济联盟”及其成员国共同签署了《中华人民共和国与欧亚经济联盟经贸合作协定》。该协定是中国与“欧亚经济联盟”及其成员国合作的一项具有实质性的制度安排。为进一步推动“一带一盟”对接，中俄两国将对接工作视为双边关系的优先发展方向。2018 年 11 月 7 日，中俄总理第二十三次定期会晤期间再次声明，“一带一路”建设与“欧亚经济联盟”对接将会是中俄今后合作的重要方向。

（二）中俄“一带一盟”对接重大项目得到落实

中国和“欧亚经济联盟”成员国之间的经济体系具有极高的互补性。“欧亚经济联盟”成员国充沛的资源，尤其是能源资源助力了中国经济的腾飞。与此同时，中国经济的高速发展也为“欧亚经济联盟”成员国基础设施和高新技术产业带来了投资，促进了“欧亚经济联盟”成员国的经济发展和技术进步。

中国是世界上最大的发展中国家，也是最大的能源消费和进口国，能源是保障经济可持续发展的重要动力。长期以来，俄罗斯在世界能源体系中占据重要地位，是全球第二大石油生产国和出口国、最大天然气生产国和出口国。目前，能源项目是“一带一盟”重要的对接点，两国优先落实了一些重大能源合作项目，主要集中在加强油气上游项目合作，开展储气库、天然气发电和天然气发动机燃料合作、推进能源领域的标准互认和合格评定等方面。2014 年，俄罗斯天然气股份有限公司与中国石油天然气集团签署了时长 30 年，价值高达 4000 亿美元的供气合同，计划于 2019 年年底开始供气。2018 年 11 月 7 日，中俄东线天然气管道水压测试成功，俄罗斯天然气公司总裁阿列克谢米勒表示，2019 年 12 月 20 日前天然气将被运往中俄边境。2018 年 7 月 31 日，中俄能源合作重大项目——亚马尔 LNG（Liquefied Natural Gas，液化天然气）项目的液化天然气首次被运往中国。2018 年 10 月 12 日，中国葛洲坝集团和中石油有限公司参与建设的世界上最大的天然气加工厂——俄罗斯阿穆尔天然气加工处理厂项目进入第三阶段建设中。

此外，“一带一盟”在高科技领域对接也初现成果。2018 年 11 月 6 日，中俄国际商用飞机有限责任公司（CRAIC）研制的 CR929 远程宽体客机在第十二届中国国际航空航天博览会展出 1∶1 样机，这标志着中俄大飞机联合研发基本完成设计工作。

中俄两国政府间旨在共同研发、生产、销售和售后的宽体长途飞机和其相关产品的合作项目在 2016 年 6 月 25 日于北京签署（并在 2017 年 5 月 18 日生效）。2017 年 5 月，中俄国际商用飞机有限责任公司在上海注册成立。

来自俄罗斯联合航空制造集团和中国商用飞机有限责任公

司的技术专家队伍商定将推出三款飞机。

基础款：载客 290 人，按照三类布局座位，有效飞行距离 12000 公里。

高级款：载客 320 人，按照三类布局座位，有效飞行距离 10000 公里。

进阶款：载客 250 人，按照三类布局座位，有效飞行距离 14000 公里。

两国关于飞行器设计制造的分工已经达成初步协议。根据相关协议，俄罗斯将负责生产和研发合成金属材料制造的机翼部分、中翼部分以及引擎吊舱；中国方面负责机身和尾翼。

2017 年 9 月，中俄在上海举行飞机命名仪式。中俄联合设计制造的 CR929 飞机是为了和波音、空客进行竞争。字母 CR 代表了中俄两国的首字母，第一个数字 9 是中国文化中的幸运数字，29 代表了双层布局 290 个座位。CRAIC 的商标拥有两个颜色的机翼，其中一个为红色，另一个为蓝色，分别代表中俄两国，机翼从左往右的移动代表了发展和前进。

两国在其他高技术领域的合作也有显著成效。在莫斯科地区，NICA 离子对撞机正在建设阶段；在中国建造的激光装置和热核反应堆，以及在沃罗尼什建造的发电设备和高速列车生产设备正在进行。双方在军事技术领域也有合作。2013 年，中俄签署合作框架共同建造阿穆尔级 1650 型潜艇。2018 年，中俄签署俄罗斯继续提供火箭引擎设备的协议。

此外，两国就俄罗斯“格格纳斯”与中国“北斗”两大卫星系统合作也达成重要共识。

（三）中俄“一带一盟”对接多边合作取得进展

“一带一路”倡议由六大经济走廊构成，经济走廊建设是重要的物质载体，“中蒙俄经济走廊”是中俄两国与第三方合作的重要项目，也是中俄“一带一盟”对接多边合作的重要切入点，自提出以来也取得重大进展。2014 年，中蒙俄三国元首在杜尚别举行首次三边峰会，讨论三国三边发展规划。2015 年 7 月，中蒙俄三国元首在乌法会晤期间签署了《关于编制建设中蒙俄经济走廊规划纲要的谅解备忘录》，标志着“中蒙俄经济走廊”建设达成共识。2018 年 6 月 9 日，上海合作组织青岛峰会期间，中俄蒙三国元首强调深化政治互信和战略协作，并支持中蒙俄天然气管道建设。

根据三边合作的路线图协议和原则，《建设中蒙俄三国经济走廊规划纲要》于 2016 年在塔什干签署。项目的优先目标是工业、投资和高新技术产业。三方将合作共建一个现代化的交通运输基础设施网络。2017 年，通过经济走廊运往欧洲的货物关税增加了 2.7 倍，到 2018 年第一季度，则增加了将近 4 倍。

俄罗斯—蒙古的乌兰巴托铁路现代化工程和沿线建设开始

宣布实施。在第一阶段（2018—2020年），三方计划到2030年前投资260万美元。

为了实现更好的基础设施贯通和物资流通，三方着手减少不必要的管理层面的障碍，以保证人员货物的顺畅流动。为此，2016年，三方签署了海关检查结果互相认证的协议，以及线上电子信息交换系统。三国正在计划建设途经蒙古国，连接中俄的输油输气管线。

二、中俄“一带一盟”对接存在的问题

“欧亚经济联盟”和“一带一路”是相互补充、互利共赢的，前者为合作提供制度基础，后者为合作项目提供必要的投资资源。中俄“一带一盟”对接协议签署三年以来，虽然两国高层多次在一些涉及重大能源、交通、科技等项目中助推“一带一盟”对接。但是，当下的政策实践与项目推进也暴露出种种问题，普京总统在 2017 年“一带一路”国际合作高峰论坛上也指出：“创建这样的伙伴关系毫无疑问是一个长期和复杂的过程。”

（一）各国对“一带”与“一盟”认知存在差异

中俄“一带”与“一盟”构想提出后，在国际社会引起广泛

关注，同时也遭到一些西方舆论的质疑和曲解。与此同时，在中俄两国内部，尽管首脑层面已就“一带”与“一盟”的对接达成高度共识，但在执行层面及两国国内舆论中仍存在着一些误解和阻力。

首先，中俄两国在“一带一盟”性质认知上存在差别。中俄两国官方文件对两大战略的定性存在偏差，根据两国官方文件的定义，“一带一路”是倡议，既不是国际组织也不是实体，而是具有中国国别性质的、具有一定灵活性的“软机制”。而“欧亚经济联盟”是基于关税同盟和共同市场的具有超国家性质的组织。因此，官方定义的差别也会给双方对“一带一盟”对接的统一认知带来挑战。

其次，中俄两国学者对“一带一路”倡议和“欧亚经济联盟”的建设内容认知存在偏差。俄罗斯媒体认为“一带一路”是中国为了增加其国际经济利益的政治手段，而其实现方式是通过基础设施建设。在俄国公众心中，“一带一路”倡议涉及的项目意味着洲际铁路、公路、海港和机场等。他们认为中国的目的在于借此开发沿线国家的市场以及原料，并使之同中国经济联系更紧密，更好地为中国提供原料和物流支持。而中方学者则认为交通基础设施只是“一带一路”的重要组成部分，此外还涉及贸易模式、金融投资、能源、高科技、环保和人文等领域。

再次，中国学者认为，“一带一盟”对接存在方法论上的错误，“欧亚经济联盟”是国际经济一体化组织，是政治机构；而“一带一路”只是一项倡议，且最终要体现为具体的基础设施、产业合作等投资项目，二者是根本无法对接的。类似地，也有俄罗斯学者强调，俄罗斯是签署“一带一盟”对接协议的政治主体，而欧洲五国联合成为政治客体，这里存在某种法律冲突。

最后，各方对“对接”含义的理解也存在偏差。中国认为“对接”更多体现为政治友谊与伙伴关系的声明，而“一盟”成员国则认为“对接”意味着对中国投资者制定统一的制度与规则。由于在“一带”性质问题上存在认知差异，致使中俄及中亚国家对“一带”倡议的目标意图产生不同解读，甚至是偏差。此外，中俄当前经济体量和发展速度存在巨大差异，俄罗斯对中国通过“一带一路”将政治、经济影响深入中亚传统势力范围感到担忧。而俄罗斯有兴趣在后苏联地区建立一个排他性的势力范围，以巩固其大国地位和确保地区主导地位。

（二）金融合作缺乏制度保障，潜力并未得到开发

首先，两国金融合作起步较晚，合作潜力并没有得到充分开发。如表 2–1 所示，2007 年前，只有一家中国银行在俄罗斯设有分支机构。目前，中国是世界主要的投资国，2016 年，中国对外直接投资流量创下 1961.5 亿美元历史新高，同比增长 34.7%，在全球占比达到 13.5%，蝉联全球第二，投资存量位居

全球第六，为13573.9亿美元。与此同时，俄罗斯是世界上最大的经济援助国，允许每年1000亿美元资金出口。然而，不同于中国采用国家调控的方式，俄国的资金多是通过自发的行为，借由离岸金融机构完成，并服务于个人经济利益。一部分俄罗斯离岸资金用于购买外国货物以及房地产；另一部分（约一半）伪装为外国资金回流到俄罗斯。

表2–1　中国在俄罗斯银行一览表

银行	当地机构	注册资本	资产总额	成立时间
中国工商银行	中国工商银行（莫斯科）股份有限公司	8500万美元	5.5亿美元	2007年8月
中国银行	中国银行（俄罗斯）股份公司；中国银行（俄罗斯滨海）分行	5200万美元	4.25亿美元	1993年4月
中国建设银行	中国建设银行有限责任公司	1.5亿美元	2.2亿美元	2013年3月
中国农业银行	中国农业银行（莫斯科）有限公司	—	—	2014年12月
国家开发银行	莫斯科代表处	—	—	2010年9月
中国进出口银行	圣彼得堡代表处	—	—	2007年6月

数据来源：商务部、中国驻俄罗斯大使馆发布的《2017年对外投资合作国别（地区）指南——俄罗斯》。

但是，无论是存量，还是流量，中国在俄罗斯的投资占比都十分小。2016年中国各银行在俄罗斯的投资流量只有12.9亿美元，存量129.8亿美元，占中国海外投资流量的0.657%，存量的 0.956%，如表 2–2 所示，累计对俄罗斯投资前十位的国家和地区没有中国。因此，虽然中国已经连续八年保持俄罗斯第一大贸易伙伴国地位，但两国金融合作空间并没有得到释放。

表 2–2　累计对俄罗斯投资前十位的国家和地区

国家和地区	投资量（单位：亿美元）
塞浦路斯	1440.21
荷兰	464.42
卢森堡	446.34
巴哈马	335.19
爱尔兰	299.65
百慕大	222.2
德国	169.08
英属维尔京群岛	151.98
新加坡	146.98
法国	144.66

数据来源：商务部、中国驻俄罗斯大使馆发布的《2017 年对外投资合作国别(地区)指南——俄罗斯》。

其次，中俄金融合作机制不健全。乌克兰危机后，西方对俄罗斯实施的经济制裁增加了俄罗斯境内金融体系的脆弱性，也严重影响了中方金融机构合作的积极性。虽然两国银行互换了本币业务，鼓励采用本币结算，但是俄罗斯金融体系较为脆弱，卢布汇率波动较大，为了规避风险，两国企业更倾向于选择第三方金融机构或者是货币进行结算，目前双方利用比较多的是美元，而直接采用双方本币结算的比例较低。这样不仅延长了结算周期，还增加了结算成本。从外部因素来看，中国的商业银行已经融入到了国际金融系统中，美国及其战略合作伙伴对俄制裁也给中俄合作带来负面影响。中俄两国在欧美的制裁下缺乏高效的支付清算渠道，迫于美国制裁压力，中国一些银行拒绝为俄罗斯个人和法律实体提供相关交易需要，受制裁的俄罗斯公司与中国合作伙伴无法以传统方式进行交易结算，这在很大程度上影响了中俄金融和经贸合作。

（三）中俄两国的工业产业合作前景广阔

在新的时代，俄罗斯将寻求扩大和深化与非西方国家的关系，重点是亚洲。中俄的工业产业发展侧重点不同，两国产业结构的互补性极强。以电子商务为例，2017 年，中俄电子商务交易占俄罗斯电子商务市场销售额的 80%。中国电子商务不仅交易规模大，而且发展速度较快。而俄罗斯的电子交易市场仍有很大的增长空间。2017 年，俄罗斯的电子交易市场规模超过一万亿卢布，体现出电子交易市场的增长潜力。

此外，双方在基础设施建设上亦存在较大的空间。俄罗斯地域广大，生产资料丰富，良好的基础设施将有助于俄罗斯资源城市的进一步开发，改善当地居民的生活状况。例如，位于库帕夫纳、科列希哈、巴扎伊哈和巴塔列伊纳亚的货物转运中心规模较小，货物接纳水平有限。而中国在基础设施建设方面技术成熟、资本雄厚、经验丰富。合理规划运用中国在基建领域的优势，将有助于两国优势互补，释放新的经济增长点。

（四）能源是对接的旗舰项目，但中俄皆无定价权

国际市场原油定价机制经历了从西方石油公司定价，到石油输出国组织（OPEC）定价，再到石油期货与现货价格挂钩的形势转变。“一带一盟”对接是中俄全面战略协作的旗舰项目，而能源合作又是“对接”战略的优先领域。尽管中国和俄罗斯分别是世界级的能源消费和进口大国及能源生产和出口大国，却都无世界油气资源的定价话语权。国际能源价格（尤其是油气价格）长期掌握在美国和石油输出组织国家手中。2014 年乌克兰危机的爆发以及同年国际油价的下跌，不仅暴露了国际能源政治领域长期存在的金融“霸凌”问题，更暴露了俄罗斯能源产业受制于西方定价权的结构性短板。在当前中美经贸摩擦加剧的背景下，中国、俄罗斯、伊朗等国也面临类似威胁。

三、中俄推动“一带一盟”对接的建议

“一带一盟”地区覆盖了东正教文明、伊斯兰文明和中华文明圈，各成员国不仅文化认知存在差异，社会发展水平也参差不齐，中亚原有的经济发展方式亟待转型升级，项目对接面临巨大困难。但是，“一带一盟”所覆盖地区，尤其是中俄两个主要成员国在官方层面对“一带一盟”对接持积极态度，并且将对接视为两国深化睦邻友好关系的重要内容。此外，俄罗斯国内对“一带一路”也逐渐从最初的怀疑，慢慢转变为支持。因此，客观理性看待“一带一盟”对接面临的挑战，并根据现实需要提出实用性强的合理建议是十分必要的。

（一）建立“一带一盟”对接共同术语词典

“相互认知在一个具有长久和复杂历史关系的双边关系中发挥着尤其重要的作用。”“一带一盟”也是由诸多复杂的双边、多边关系构成，各成员国之间的相互认知，尤其是对“一带一盟”对接的认知也直接关系到建设效果，因此“一带一盟”对接需要获得成员国总体认同。对“一带一盟”对接的不正确认识需要得到澄清，并针对质疑建立统一的认知标准，在此方面，中俄两国都应该本着互信的原则，“敞开胸怀”，抓住战略机遇期。

（二）做好“一带一盟”对接发展规划

“一带一盟”对接是一个长周期的过程，需要做好规划，有重点地推进项目建设。基础设施是贸易互联互通的硬条件，需要将铁路、公路、港口、转运中心等基础设施建设作为建设重点，确保硬件基础设施能够满足地区贸易发展需求，同时还要兼顾基本的制度和规则设计等“软基础设施”。遵循各成员国之间平等的原则，“软基础设施”需要取得各个成员国认同，由于中亚地区地缘政治呈现“碎片化”，贸易规则设计直接关系到各个国家的切实利益，因此达成一致认同需要各个成员国之间长期努力。

同时，“一带一盟”对接需要严格遵守世贸组织规则，对各国和地区发展的多样合作机制持宽容态度。例如，按照国际通用工程、技术、商品和服务标准来为“一带一盟”对接构建“软基础设施”，按照国际标准化组织ISO 9000体系统一规范。此外，随着人工智能技术、高铁技术、管理经验的进步，基础设施高效化建设还存在很大提升空间，各成员国也应该及时引进先进技术和经验，提高互联互通水平。

（三）建立中俄“一带一盟”对接推进委员会

1. 设立“一带一盟”对接项目评估委员会，并下设专项发展基金，每年允许成员国中公开申报建设项目，通过专家委员会的评审后，优先发展成本小、需求迫切的建设项目，并公开组织面向全球的招标，整合全球最先进的设计理念、建设技术、管理经验，建设一批具备可持续发展理念的建设项目，使“一带一盟”对接成为全球可持续建设的领导者。

2. 设立项目追踪委员会，利用成员国在无线通信等技术方面的合作，建立项目资源库，对建设项目进行实时追踪，并建设相应的建设数据库，保证建设项目的公开、透明、公平。

3. 设立“一带一盟 +”委员会，通过整合区域以及全球治理平台资源，服务于“一带一盟”对接建设。例如，利用世界银行、国际货币基金组织、亚投行等国际融资机制，上合组织等区域安全治理机制，并吸引世界主要经济体参与“一带一盟 +”。

4. 召开由学者、官员、企业家和媒体等多方参与的“一带一盟”成员国智库论坛，为建设各方之间表达问题，共同寻找解决途径提供交流平台。通过媒体的报道，一方面起到建设监督作用，另一方面对建设项目进行报道，提高成员国的建设信心，吸引更多的“一带一盟 +”资源参与。

中俄双方在过往签订的条约基础上已经形成了多个国际性机构用以管理跨国项目的实施。然而这些国际组织通常缺乏有效的手段以及执行机构，在监管上存在执行效率低下的问题。为了解决这一问题，俄方建议成立具有超国家性质的共管委员会对跨国项目进行统一管理。

（四）推动国际金融、安全、能源秩序改革

“一带一盟”对接不仅可以确保欧亚地区的发展与稳定，也可以成为重塑未来全球秩序的杠杆。世界银行、国际货币基金组织和亚洲开发银行共同构成了第二次世界大战后的世界金融货币体系——布雷顿森林体系，而亚投行和金砖国家银行的成立打破了美元体系独霸世界金融市场的局面。中俄两国是这两大银行的重要成员国，两国可以继续以此为平台，推动国际金融秩序改

革，减少美元体系带来的风险和冲击。此外，近年来，人民币国际计划也出现重大进展，自2009年开展跨境贸易人民币结算以来，人民币跨境结算已经由2010年的5061亿美元迅速上升到4.63万亿美元，成为全球外汇市场最活跃的十大货币之一。2016年10月，人民币成为后布雷顿森林体系时代首个新加入的一篮子货币，也是首个新兴市场货币。人民币国际货币职能的提高，为各国降低对美元的依赖提供了选择空间。一直以来，俄罗斯也追求货币国际化，中俄两国可以加强此领域的合作，为“一带一盟”对接构建更加低风险的金融货币体系。

为了刺激两国在双边贸易中使用本国货币，需要两国政府采取在税收、金融标准、利率等等方面激励措施。

之前签署的合同如果使用美元结算，在合同到期之后应该修改为以本国货币结算（除非参与国愿意为不可预期的变化提前支付罚款）。

此外，两国应该着手计划建立金融风险缓冲机制。这些机制应该建立在大型国有银行参与的基础上，以此来保证资金来源以及其他机制以解决金融风险。这些机制还应该包括：交易保险、对冲机制、人民币和卢布结算石油等。

“欧亚经济联盟”成员国国家内部均存在一定政治风险，一旦爆发政治危机，将会对“一带一盟”对接产生消极影响。近年来，中亚地区政治经济形势发生了一系列变化，虽然总体上延续了过去的稳定态势，但是一系列新问题也引发了政局动荡，依旧存在新的政治安全风险。上海合作组织是欧亚地区安全体系重建的重要平台，自成立以来，举行了一系列旨在确保成员国稳定的双边以及多边反恐军事演习。中亚国家也开始停止向美军租借军事基地，2005 年美军从乌兹别克斯坦的卡尔希—汉纳巴德空军基地撤出，2014 年吉尔吉斯斯坦废止美军租用马纳斯空军基地的协议。未来，中俄两国继续将上海合作组织作为维护“一带一盟”成员国安全的重要平台，构建稳定的中亚发展秩序。

基于上述原因，两国专家认为：世界正在经历巨大变化，两国应该采取行动；需要形成新的有效的世界金融和经济秩序；本着国际法和平等的原则，两国的合作关系具有战略性的特点，并应以此为出发点衡量两国的经贸合作；应该构建双边体系和机构以管理和实施两国合作的经贸项目；需要构建金融走廊，推动金融合作。我们建议实施大规模项目并在超国家投资管理委员会的基础上创建超物质发展带。中俄需要在石油、天然气等化石能源项目以及军事工业和技术领域、电子经济、人工智能、大数据、电子文化和信托平台等方面开展互补性合作。

结 语

当前，世界的不确定性增加，贸易保护主义和单边主义试图破坏传统的自由化多边贸易秩序，金融霸权也试图扰乱新兴经济体的发展，中俄两国都是贸易保护主义和金融霸权的受害者。为了维护传统自由、公平贸易秩序，改造二战后由西方国家塑造的不合理的金融秩序，中俄两国以“一带一路”倡议和“欧亚经济联盟”为基础，适时提出了“一带一盟”对接战略，为发展中国家构建公平、自由的贸易秩序，同时也为欧亚国家带来发展机遇。中俄两国分别作为两大地区发展规划的发起国，两国之间的密切配合与合作直接影响“一带一盟”对接效果。经过数年的建设，“一带一盟”对接取得初步进展，但是由于中俄两国自身的现实发展状况，以及欧亚地区复杂和脆弱的地缘政治与安全形势，“一带一盟”对接也面临着诸多挑战。中俄两国作为对接的中坚力量，应该继续保持政治互信，相互理解，珍惜当前发展机遇期，抓住发展机遇，推进“一带一盟”对接，为欧亚地区乃至全球经济发展提供可选择的经贸秩序。

两国专家建议：

——两国政府间和国有企业间的贸易一律使用本国货币结算；

——国有银行支付系统对接，支持国有银行直接参与跨行信息交互；

——两国“银联”和“Mir”系统对接；

——建立基于区块链技术的电子支付系统；

——建立使用本国货币的专门发展银行以资助合作投资项目；

——建立超国家委员会以参与中国和“欧亚经济联盟”成员国之间跨境、高技术投资项目的管理和对于生产活动的更广泛的管理。

附录1　当代国际形势与国际秩序转型的风险

美国为实现“外向型霸权”针对包括中国、俄罗斯、欧盟和部分产油国（伊朗、委内瑞拉、伊拉克和利比亚）等竞争者挑起混合型战争。混合型战争增加了国际金融和信息体系的系统性风险。

中国的经济崛起，尤其是随着中国经济指标的快速上升以及中国在高技术行业（如5G）的巨大进展强烈地改变了东西方之间的力量平衡。特朗普政府对此回应以贸易战和技术制裁。作为经济、地缘政治和军事大国，俄罗斯在高新科技（如核能、航空航天、国防工业等）领域的潜力被美国战略研究者和建制派视作苏联的重新复活。他们认为这一趋势必须要不计代价、不择手段地予以遏制。

在“中—美—俄”三边关系中，由于俄罗斯和中东地区能源供应的突变（比如由于国际金融、贸易争端导致的供应危机）不仅影响到中国和美国，也影响到欧盟，而美国并没有能力向欧亚提供足够的能源，所以这个三边关系中存在隐形的“第四角”（比如欧盟和德国）。随着金融泡沫的破裂，“页岩的繁荣”将会一文不值。

因此，“东方的合作”在面对世界秩序变化时所面对的战略风险主要包括以下四点。

（一）选择性的制裁使我们面临金融、贸易和技术封锁。同时，对方试图通过网络武器和信息技术对周边国家进行分裂和“颜色革命”。此外，全球贸易仍然主要通过海运来实现，因此保障苏伊士、巴拿马和马六甲海峡的自由通行的权力至关重要。如今，俄罗斯在北海航线、波罗的海和黑海问题上正受到攻击（美国试图获取北海自由航行的权力，然而他们缺乏破冰船等关键技术）。

（二）国际金融秩序无法应对现有挑战，尤其是面对试图控制国际市场和能源价格等问题（例如，一些评估显示如果霍尔木兹海峡由于军事冲突或者封锁行动而不能通行，将会每天减少1500万—2000万加仑的石油供应，进而造成石油危机。这会造成依靠石油期货规范市场的金融巨头和银行的崩溃）。由于现有的国际货币体系建立在石油美元的基础上，这一结构的崩溃将会导致一系列系统性问题（早先中国发展了一套人民币期货和石油交易体系，俄罗斯目前还没有进行石油交易卢布结算的工作）。

（三）国际规范机构正在面临一系列危机，包括日益强化的国际和国家内部的平等。这种不平等正是世界进入关键时期的标志——要求我们发展一种新的和谐的社会、科学、技术和环境关系。这一意识形态差异要求我们利用历史带给我们的丰厚遗产。对于中俄两国及其人民来说，两国共同的命运以及社会公平、睦邻友好的共同理念仍然是重要的历史记忆。

（四）最新技术秩序的形成仍然有很大的冲突和不确定性。目前的技术秩序是“赢者通吃”的模式，即有能力者开发并制定标准和创造关键平台收取技术租金，从而保证本国及其盟友的发展。中国表达了其获得关键技术领导地位的雄心，另外一些技术领域（核能、航空、数学、生物工程等）则由俄罗斯负责。

第三篇

去欧洲，向北走

——中俄共建“冰上丝绸之路”支点港口研究

一、“冰上丝绸之路”的历史演变*

（一）俄罗斯历史上的北极探险

北极航线开发最早源于9世纪。公元870年，一个叫奥塔（Ottar）的古斯堪的纳维亚贵族驾船驶入白海，成为有记载的人类最早的北极探险活动。① 15世纪中叶以前，北欧地区的商贸活动基本被汉萨同盟垄断。② 到了15世纪中叶，新兴的英国和荷

* 本报告作者陈晓晨系中国人民大学重阳金融研究院国际研究部主任、研究员；张婷婷系中国人民大学重阳金融研究院助理研究员。系列成果发表于《中俄共建“冰上丝绸之路”支点港口研究》，《当代世界》2018年第3期。该文也收录到“人大重阳研究报告第36期”，题为《去欧洲，向北走——中俄共建“冰上丝绸之路”支点港口研究》，于2018年4月17日发布。

① 北极问题研究编写组：《北极问题研究》，海洋出版社2011年版，第28、29页。

② 金志霖：《试论汉萨同盟的历史影响和衰亡原因》，《华东师范大学学报（哲学社会科学版）》2001年第5期。

兰开始寻求摆脱汉萨同盟（The Hanseatic League）的控制，向北寻找新的航线。[①]1555 年，英国“俄罗斯公司”成立，赴北极探索航线，但以失败告终。[②]1594—1597 年，荷兰探险家巴伦支三赴北极，后人将巴伦支（William Barents）走过的海域——新地岛（Novaya Zemlya）、斯瓦尔巴特群岛（又译斯匹次卑尔根群岛，The Svalbard archipelago）和熊岛（Bear Island, 又译 Bjornoya）之间的海域命名为巴伦支海（Barents Sea），以纪念其贡献。

俄罗斯历史上对探索北极航线并没有太大兴趣。直到彼得一世执政后，俄罗斯开始北上寻找新的出海口，于 1700 年开启了与瑞典长达 21 年的战争，最终拿下了波罗的海出海口，建立了圣彼得堡，并将首都迁移至此。从 1712 年到 1912 年，圣彼得堡一直是俄罗斯的政治中心，俄罗斯的主要贸易路线也从南下黑海转移到了通过圣彼得堡前出波罗的海。1728 年，彼得一世任命的丹麦人维他斯·白令（Vitus Jonassen Bering）通过了今天的白令海峡（Bering Strait），确认亚洲与美洲并不连在一起，之间存在通道。[③] 然而，这一时期俄罗斯的北极活动仍以探险为主，还谈不上实质性的开发。

1904—1905 年，日俄战争以俄罗斯失败告终，沙皇意识

---

① 金志霖：《试论汉萨同盟的历史影响和衰亡原因》，《华东师范大学学报（哲学社会科学版）》2001 年第 5 期。

② 郭培清等：《北极航道的国际问题研究》，海洋出版社 2009 年版，第 27 页。

③ 郭培清等：《北极航道的国际问题研究》，海洋出版社 2009 年版，第 28 页。

到了北极航线的战略意义，开始对北极航线开发给予大力支持。1914—1915 年，俄罗斯著名极地探险家安德烈·维利基茨基（Andrej Ippolitovic Vil'kickij）第一次实现了北冰洋自东向西航行，完成了北冰洋航线开辟，也第一次通过北极航线将俄罗斯“双头鹰”的东西两部分贯通。①

（二）苏联时期的北极开发活动

1917 年，苏维埃政权建立伊始就开始大规模考察、开发北极，将北极地区的大量粮食、动物油脂、毛皮、亚麻等运送到欧洲地区，有效地支援了国内战争。②1929 年，“谢多夫”（Седов）号破冰船对北极航道进行科学考察。③1939 年，“约瑟夫·斯大林”号航道破冰船在一个通航期内完成了北极航道的双向航行。④第二次世界大战期间，北极航线发挥了重大作用，同盟国船队共 41 次抵达苏联北极港口，36 次驶回，通过北极航线对苏联输送

① 郭培清等：《北极航道的国际问题研究》，海洋出版社 2009 年版，第 29 页。

② А.И.Тимошенко:《РоссийскаяРегиональнаяПолитика в Арктике в XX-XXIвв.: Проблемы Стратегической Преемственности》, Арктика и Север, 2011（11), p.4.

③ 徐广淼：《二战前苏联的北极政策论析》，《武汉大学学报（人文科学版）》2015 年第 3 期。

④ Ю.Ф.Лукин:《Великий передел Арктики》, Арктика и Север, 2011г, https://narfu.ru/aan/books.php?ELEMENT_ID=7807.

了12755辆坦克、22200架飞机、375800辆卡车、400万吨弹药以及其他补给，占同盟国援苏物资的1/4以上。①

港口建设是苏联开发北极的重要方面，1933年建立季克西港、佩韦克港，1940年建立下扬斯克港，1946年建立普罗维杰尼亚港等。苏联政府在这些地区修建了机场、港口以及卫星通信设备（详见下文第三部分）。此外，苏联时期有大量居民迁移到北极地区从事政府管理、经商、教育等工作。②这些成为今天“冰上丝绸之路”支点港口建设的基础。

（三）当代俄罗斯北极政策与行动

苏联解体后，俄罗斯陷入了严重的经济困境，缺乏足够资金用于北极开发和基础设施维护。普京执政以来，俄罗斯北极开发开始恢复。2001年，俄罗斯颁布了《俄罗斯联邦至2020年期间的海洋政策》，这是普京签署的首份涉及北极开发战略的政策文件。2007年，俄罗斯于“北极—2007”科考活动期间在北极点海底插上了国旗，试图在北极地区宣示主权。但是，这一行为引起了强烈争议，并激发了国际社会争夺北极的新一轮热潮。

① 倪海宁等：《二战中的“冰海航线”》，《解放军报》2016年2月12日。

② 徐广淼：《二战前苏联的北极政策论析》，《武汉大学学报（人文科学版）》2015年第3期。

2008 年，俄罗斯颁布了《2020 年前及更远的未来俄罗斯联邦在北极地区国家政策基本原则》（以下简称《原则》）。这是俄罗斯制定的首份北极开发纲要。时隔两年，俄罗斯又颁布了《2011—2020 年俄罗斯联邦北极地区经济和社会发展国家纲要》，将《原则》细化。2010 年，俄罗斯开始专项拨款用于北极地区科研与开发。2011 年，俄罗斯北极科研中心成立，这标志着俄罗斯开始对北极开发提供智力支持。2013 年 1 月 17 日，俄罗斯交通部门批准了《北方海航道水域航行规则》，为俄罗斯北极航道治理提供了法律依据。2013 年，俄罗斯颁布了《俄罗斯联邦北极地区法》，完善了对北极地区的立法工作。

然而，俄罗斯虽然完成了上述一系列政策安排，但是由于缺乏资金，这些蓝图难以转化为有效的行动，开发成果十分有限。如何解决缺乏资金的“阿喀琉斯之踵”？俄罗斯将目光转向了有资金、有需求但缺乏地理区位优势的中国。

二、支点港口的理论基础

（一）海权论与“交通线政治”

本书将港口作为研究对象。支点港口与地缘政治上的海权论有一定关联。持这一观点的以阿尔弗雷德·塞耶·马汉的《海权论》最有代表性。当然，这里我们必须指出，马汉的海权论产生于帝国主义争夺世界霸权的背景下。而与西方国家崛起模式不同，中国始终坚定不移地走和平发展道路。[①]2018 年 1 月 26 日，中国发布的首份北极白皮书《中国的北极政策》指出，中国北极开发坚持尊重、合作、共赢、可持续四个原则。

不过，《海权论》中对港口经济作用的表述直到今天仍有理

---

① 李红梅：《地缘政治理论演变的新特点及对中国地缘战略的思考》，《国际展望》2017 年第 6 期。

论价值。在马汉看来，“港口是联结海洋以及河流的重要节点，可以将附近的货物聚集到港口，并运往其他地方，同时也发挥着将其他地区货物运送到港口，并分散到港口辐射地区的作用”①。在这里，马汉提出了港口的“节点”性质和两个功能——连接与辐射。这对今天探讨支点港口仍有意义。

更具体地，支点港口体现了“交通政治”：通过交通线路拓展沿线国家的地缘政治发展空间，表现为由交通线路产生经济战略作用、军事战略作用、能源战略作用及文化战略作用等，最终引发沿线国家及相关国家政治关系变动，实现各国地缘政治地位演变。② 可以说，从交通政治的角度来讲，支点港口是海上交通线上的“节点”“驿站”。没有这些支点港口，交通线很难实现连通。

（二）地缘与空间经济学

相对于地缘政治学，地缘经济学更重视投资者和消费者的利益，倾向于建立世界性的网络关系。空间经济学的核心问题是

---

① ［美］阿尔弗雷德·塞耶·马汉：《海权论》，欧阳瑾译，群言出版社 2016 年版，第 39 页。

② 李振福、吴玲玲：《交通政治视角下“一带一路”及北极航线与中国的地缘政治地位》，《东疆学刊》2016 年第 1 期。

解释地理空间中经济活动的集聚现象，理论基础是规模报酬递增和运输成本之间的权衡关系。[①] 共建“冰上丝绸之路”支点港口的本质是在“冰上丝绸之路”沿线构建一个货物集散和船只补给、维修的网络，一方面保障航线的畅通，另一方面可以辐射沿线经济发展。选择恰当的港口建设点，建设综合性的现代化港口，对于发挥“冰上丝绸之路”的经济价值意义重大。

（三）“一带一路”国际贸易支点城市理论

中国人民大学重阳金融研究院独创的“一带一路”国际贸易支点城市理论认为，首先，国际贸易支点城市是开拓全球市场的重要平台和渠道，也是获取全球资源的战略前哨，是一个国家重要的战略布局。[②] 从外延性来看，国际贸易支点城市不仅强调由点到面的辐射作用，更强调城市之间的串联与贯通。其次，国际贸易支点城市通常是国际贸易通道的节点，城市之间的串联确保了贸易走廊的贯通。[③] 推动“一带一路”贸易畅通的关键就在于

① 中国人民大学重阳金融研究院主编：《“一带一路”国际贸易支点城市研究》，中信出版社 2015 年版，第 76 页。

② 中国人民大学重阳金融研究院：《“一带一路”国际贸易支点城市》，2015 年 5 月。

③ 中国人民大学重阳金融研究院主编：《“一带一路”国际贸易支点城市研究》，中信出版社 2015 年版，第 4 页。

发挥支点城市的“串联”与“贯通”作用。海上贸易通道上的支点城市往往也是重要的港口，因此，确保“冰上丝绸之路”贸易畅通的关键就在于支点港口的“贯通”与“串联”。

三、中俄共建“冰上丝绸之路”支点港口的必要性

无论是从中国角度，还是从俄罗斯角度，共建“冰上丝绸之路”支点港口意义都十分重大。

（一）中国角度

站在中国角度看，共建“冰上丝绸之路”支点港口意义非常重大，尤其是对东北振兴、港口建设、缓解我国能源紧张局面等。此外，也给中国企业以及在华外资企业带来了实实在在的利益。

（二）俄罗斯角度

中俄共建“冰上丝绸之路”对俄罗斯也意义重大。首先，北极航线对俄罗斯远东开发战略意义重大。“双头鹰”战略是俄罗斯一直秉承的基本外交方略，通过北极航线连接东西是这一战略的题中之义。不过，苏联解体后，俄罗斯国内经济陷入低迷，对远东的支持力度下降。普京上台后，非常关注远东地区发展，2010 年签署了《2025 年前远东和贝加尔地区社会经济发展战略》，远东发展再次被提上优先日程。2014 年克里米亚事件发生后，在西方制裁压力下，俄罗斯加快了远东开发步伐，并于 2015 年 9 月召开了第一届“东方经济论坛”，旨在扩大远东开放，吸引外国资金。2016 年第二届“东方经济论坛”吸引了来自中、日、韩等 56 个国家的代表参加，其中，日俄签署了 20 项合作协议，中俄也在能源、金融等领域实现了合作。①

其次，无论是从人口还是从面积计，俄罗斯都是最大的北极国家。北极地区对俄罗斯意义重大，该地区贡献了俄罗斯 11%的 GDP 和 22%的出口额。② 但是，自苏联解体后，由于国

---

① 根据“Восточный Экономический Форум”公布的数据总结得出，https://forumvostok.ru/news/?PAGEN_1=12，2017 年 12 月 13 日访问。

② 《北极能源真能实现和平开发吗?》，2010 年 9 月 27 日，http://energy.people.com.cn/GB/12848145.html。

力下降，俄罗斯对北极的开发和支持力度不够，对北极地区事务的影响力有所降低。为了维持世界大国地位，俄罗斯迫切需要开发北极，但迫于资金“瓶颈”，开发成果有限。

最后，乌克兰危机后，西方对俄罗斯实施了一系列制裁，俄罗斯陷入了严重的经济困难中，至今尚未完全恢复。2017 年俄罗斯的货币基础只有 2230 亿美元，不足中国的 1/5（中国有 12000 亿美元）；俄罗斯的国际储备有 4250 亿美元，不足中国的 1/7（中国有 30000 亿美元）。①2017 年 2 月，俄罗斯的外汇储备为 3973 亿美元，排在中国台湾（4342 亿美元）之后，接近于中国香港（3915 亿美元），不足中国大陆的 1/9（中国大陆为 30051.24 亿美元）。② 在此情况下，俄方急需中方对俄提供经济支持，而北极地区可以作为中俄合作的重点领域。

（三）航线角度

从航线角度讲，北极航线是未来最具有发展前景的航线之一。首先，北极航线大大缩短了从东亚到西欧的距离。例如，从

① M.Ershov，GlobalFinancialSituation: mainrisksandpossiblesolutions，Пресс-конференция Специалистов по Третьему Экономическому Диалогу между КНР и РФ，2017 年 11 月 22 日访问。

② 每日财经网，http://www.mrcjcn.com/n/237819.html，2017 年 8 月 7 日访问。

大连港出发到荷兰鹿特丹港，如果经由绕道马六甲海峡、苏伊士运河的传统航线，需要航行 36 天，如果经由北极东北航线，只需要 27 天，节省了 9 天。

表 3–1　北极航线与传统航线对比

航线	北极航线		传统航线		走北极航线节省时间	
俄罗斯：从符拉迪沃斯托克到摩尔曼斯克	7070 海里	20 天	12840 海里	40 天	5770 海里	20 天
日本：从横滨到鹿特丹	7300 海里	20 天	12500 海里	33 天	5200 海里	13 天
中国：从大连到鹿特丹	7800 多海里	27 天	10730 海里	36 天	2930 海里	9 天

数据来源：根据俄罗斯卫星网、人民网、俄罗斯网站整理得出。

其次，途经俄罗斯的东北航道是一条没有被美国控制的航线，而且航线途经地区较为稳定，恐怖主义等极端势力很少存在，航线安全有保障。

最后，运输潜力可观。如图 3–1 所示，2014 年北极航线的货运量为 3982 千吨，2015 年为 5432 千吨，2016 年为 7266 千吨，增长可观。有估计认为，到 2020 年，北海航线的货运量将会达到 31000 千吨，2030 年将会达到 51100 千吨。①

① 《北极航线运输状况》，俄罗斯卫星网，http://sputniknews.cn/infographics/20170908102355617 2/，2017 年 11 月 3 日访问。

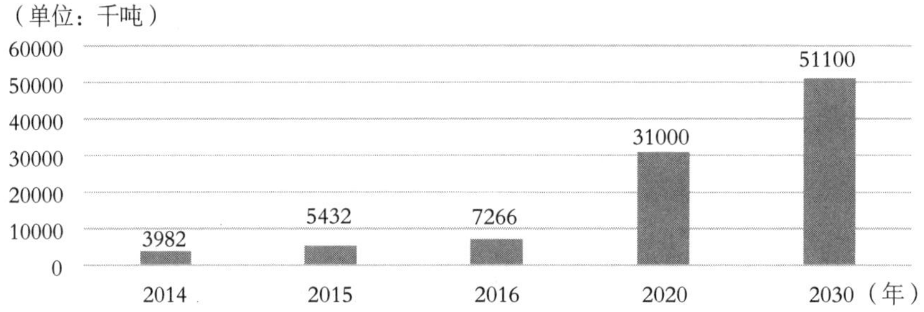

图 3–1　北方航线货运图

数据来源：根据俄罗斯卫星网报道整理。

（四）港口角度

不同于其他地区，北极地区的港口建设很难形成港口群的"面"，只能精心选择几个"点"。首先，恶劣的自然环境不仅会影响建设效率，还会影响港口设施的使用期限，使得港口建设无法"一拥而上"。其次，俄罗斯经济低迷，可以投入的资金有限，也使得港口建设无法大规模铺开。最后，北极航线港口建设对技术、设备、人力等要求较高，需要逐步积累建设经验。因此，"冰上丝绸之路"港口建设应规划先行，精准选择支点。

四、中俄共建“冰上丝绸之路”支点港口的可行性

从港口建设经验、外资进入政策和中国企业参与等方面看，中俄共建“冰上丝绸之路”支点港口都是可行的。

（一）原有的港口建设基础

俄罗斯对北极地区开发历史悠久。摩尔曼斯克港在沙俄时期就已初步成形。

在俄罗斯北极开发的原有基础上，苏联在北冰洋沿岸建设了一批军用港口，如普罗维杰尼亚港、乌厄连港、佩韦克港、季克西港、下扬斯克港等。这些港口现在虽然年久失修，运输能力有限，但基本都有居民点、码头和机场，存在一定的建设

基础。①

普京上台后，北极开发再次得到推动，并取得了一定建设成果，例如萨别塔港。中俄共建“冰上丝绸之路”支点港口可以将上述港口作为考察对象。

（二）萨别塔港建设经验

2012 年，为了服务亚马尔液化天然气（LNG）项目，俄罗斯开始建立萨别塔港。建设初期，萨别塔港人口尚不足百人。现在，萨别塔港已经是一个现代化港口，建有能够容纳三万名建设者的营地。萨别塔港采用了防冰和保温装置，如图 3–2 所示。此外，港口建有现代化国际机场，并采用了防冻、防冰、防暴风雪技术，如图 3–3 所示。服务于 LNG 项目，港口配备有原子能破

① 普罗维杰尼亚港面积 12.7 公顷，有 3 个码头，码头长度 321.4 米，2014 年码头的吞吐能力 34.54 万吨，其中包括 2.5 万吨液体、30 万吨干货以及 0.17 吨集装箱。室内仓库面积 3630 平方米，露天仓库面积为 11200 平方米，石油储备库可以储备 25000 吨石油以及石油产品。普罗维杰尼亚的飞机场建于第二次世界大战期间，机场跑道长 2000 米、宽 50 米。可以起降的机型有：运输机安-2、安-12、安-24、安-26、安-28、安-72、安-74、L-410、雅克-14。参见 Приложение к распоряжению Росморречфлота от 29.04.2014 г. № СГ–167–р，http://www.pma.ru/providenia/about/rasporyjeniy.php. 和 Общая информация о проведении ，http://www.pma.ru/providenia/，2017 年 11 月 23 日访问。

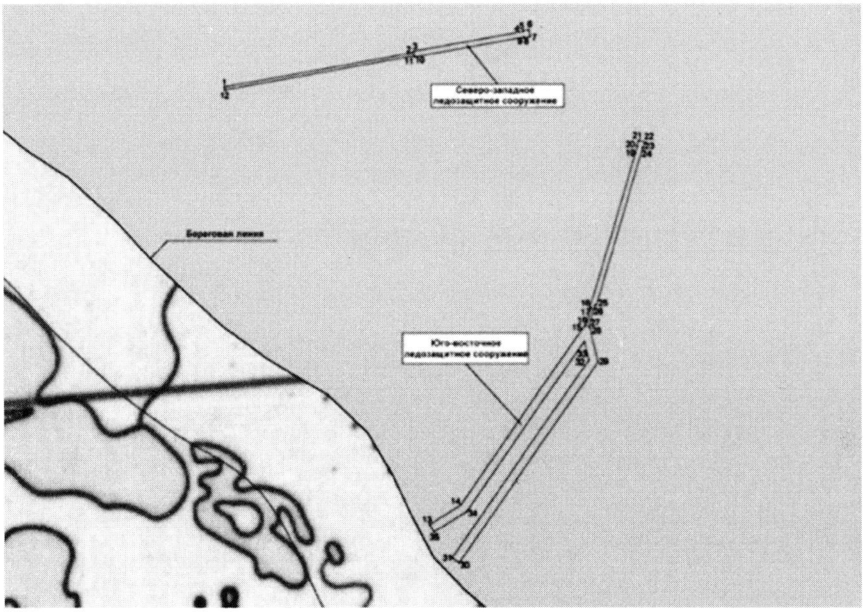

图 3-2　萨别塔港的防冰和保温装置

图 3-3　萨别塔港机场（采用了防冻、防冰、防暴风雪技术）

冰船和具备破冰功能的LNG运输船。目前港口仍在规划扩建中。俄罗斯在萨别塔港的建设活动为中俄共建“冰上丝绸之路”支点港口提供了建设经验。

（三）俄罗斯开发北极的灵活性政策

为了开发北极，俄罗斯采取了灵活政策，放宽了对外国资本参与到俄罗斯能源项目中的限制。原本俄罗斯法律规定，只允许国有股份超过50%且拥有不少于5年海洋勘探经验的公司进行大陆架资源勘探，并且对股权变动进行严格限制。① 但是，在亚马尔开发中，基于融资需求，俄罗斯“特事特办”。2015年诺瓦泰克作为大股东将持股从60%降低到50.1%，新增持股方丝路基金，持股9.9%。这种灵活性政策将会有利于中俄共建“冰上丝绸之路”。

（四）“中国制造”提供技术支持

北极广阔的市场可以调动起中国企业的动力，为共建“冰上

① 《俄罗斯开发北极资源　与西方下一盘大棋》，2016年4月25日，http://hn.people.com.cn/n2/2016/0425/c338398-28213943.html。

丝绸之路”提供技术支持。在亚马尔项目中，中国宏华集团生产的北极钻机能够抵抗零下 45 摄氏度的严寒和 12 级以上的风力。中国企业还承担了 6 艘运输船的建造以及 15 艘 LNG 运输船中 14 艘的运营等。①“中国制造”为两国共建“冰上丝绸之路”提供了支撑。此外，在参与形式方面，中国企业也可以采取灵活的合作方式，例如“PPP”（政府和社会资本合作）项目运作模式。

① 《中俄亚马尔液化天然气项目投产：央视记者独家探秘亚马尔项目基地》，2017 年 12 月 9 日，http://tv.cctv.com/2017/12/09/VIDEFjij6v0wp0UAQRzPj-zlR171209.shtml。

五、支点港口的选择依据与结果

那么，具体应该怎样选取支点港口？本书选取了普罗维杰尼亚港、乌厄连港、佩韦克港、下扬斯克港、季克西港、迪克森港、萨别塔港、阿尔汉格尔斯克港、梅津港、摩尔曼斯克港这10个比较典型的北极港口，从地理位置、开发潜力、自然条件、人口因素、中俄合作基础五大因素对港口进行评析，从中选取摩尔曼斯克港、萨别塔港、季克西港、乌厄连港和阿尔汉格尔斯克港为支点港口。

（一）五大要素评估分析

1. 地理位置

从地理位置上来看，乌厄连港、季克西港、萨别塔港、摩尔曼斯克港四个港口的地理位置比较优越。

乌厄连港位于楚科奇半岛最东端的杰日尼奥夫角（北纬66.2度、西经169.8度）的俄美交界处，扼守白令海峡，是东亚地区北上走北极航线的必经要道，同时也是北极东北航线的东部起点，在未来的通航中，乌厄连港将会扮演“咽喉要道”的角色。

季克西港的位置也十分特殊，位于北纬71.38度、东经128.52度。从横向长度上来看，基本处于1/2航线处和勒拿河入海口。从纵向分布来看，季克西位于勒拿河入海口，有海、河、江汇聚效应，区位优势明显，比较适合发挥支点作用，在途经船只的补给、维修、集散货物等方面可以发挥重要作用。

萨别塔港位于北纬71.15度、东经72.06度，处于鄂毕河入海口——鄂毕湾处。鄂毕河是一条国际性河流，在中国和哈萨克斯坦境内被称为额尔齐斯河，是中国直接由南向北通过河运进入北冰洋的唯一航道，这条河流早在1913年河运量就达到150万吨，20世纪60年代甚至达到1850万吨，苏联解体后，该航运通道逐渐被废弃。但是，海、河、江汇聚效应有可能伴随着萨别塔港口的开发重新焕发生机。

摩尔曼斯克港位于北纬68.58度、东经33.05度——北极航线俄罗斯部分的最西端，是通过北极航线俄罗斯部分进入欧洲的西部“咽喉要道”。

以经度计算位置，位于两端的乌厄连港和摩尔曼斯克港相距 158 度，乌厄连港与季克西港相差 80 度，季克西港与萨别塔港相差 57 度，看直线距离，季克西港大约位于航线的 1/2 处；萨别塔港大约位于航线的 4/5 处。然而，从地形图上来看，季克西港与乌厄连港的航线基本上是直线，无须绕行；季克西港到萨别塔港要绕过泰梅尔半岛，航线较长；萨别塔港也需要绕过亚马尔半岛，四个港口之间的实际航行距离不会差太多。因此，在中俄共建“冰上丝绸之路”中，乌厄连港、季克西港、萨别塔港、摩尔曼斯克港在地理位置上占据优势。

表 3–2　北极十大港口开发潜力总结

港口	建立历史
普罗维杰尼亚港	1946 年；有小型机场和港口，跑道简陋
乌厄连港	17 世纪末 18 世纪初；沙俄贸易港，苏联军事基地
佩韦克港	1933 年；有机场和港口
下扬斯克港	1940 年；港口
季克西港	1933 年；有机场港口
迪克森港	1915 年；有机场港口
萨别塔港	2011 年；有机场港口
梅津港	1856 年；有机场港口
阿尔汉格尔斯克港	1811 年；有机场港口

续表

港口	建立历史
摩尔曼斯克港	1870 年；有机场港口

数据来源：根据俄罗斯网站整理①。

2. 开发潜力

从开发潜力上来看，摩尔曼斯克港、阿尔汉格尔斯克港和梅津港开发历史悠久，甚至可以追溯到沙俄时期，港口、机场运输设施已经比较完善，进行大规模重建的必要性不大，但是可以对港口进行现代化升级。萨别塔港目前建成了一部分，但是还有大部分处于规划当中，随着亚马尔项目的不断扩大生产，萨别塔港的扩建也会继续进行。乌厄连港建于 17 世纪末、18 世纪初，苏联时期虽然是美苏对抗的前沿阵地，但是并没有机场，需要进行大规模基础设施建设。而季克西港、佩韦克港、普罗维杰尼亚港这几个港口无论是规模，还是基础设施建设方面，都需要重新建设。普罗维杰尼亚、迪克森、下扬斯克虽然有机场，但跑道十分简陋，迪克森港机场如图 3–4 所示。

① Аэропорты России, http://aeroportix.ru/strana/rossiya, 21, 12, 2017Г.

图 3–4　迪克森港机场

3. 自然条件

从通航期来看，如表 3–3 所示，摩尔曼斯克是终年不冻港，是中俄共建“冰上丝绸之路”的最佳港口选择。阿尔汉格尔斯克港和梅津港通航期为 6—10 月份，在支点港口建设中也是可选对象。其他港口通航期基本是 7—10 月份，但需要借助破冰船来航行。所以，单从港口的通航期来看，摩尔曼斯克港、阿尔汉格尔斯克港、梅津港占据优势。

表 3–3　北极十大港口通航期①

港口	通航期
普罗维杰尼亚港	7—10 月份

① 北极港口的通航期会根据当年的天气状况调整。

续表

港口	通航期
乌厄连港	7—10 月份
佩韦克港	7—10 月份
下扬斯克港	7—10 月份
季克西港	7—10 月份
迪克森港	7—10 月份
萨别塔港	7—10 月份
梅津港	6—10 月份
阿尔汉格尔斯克港	6—10 月份
摩尔曼斯克港	全年

数据来源：根据俄罗斯网站整理①。

4. 人口因素

人口也是港口建设中需要考虑的因素之一，充足的人口可以为港口建设提供充足的劳动力。如表 3–4 所示，阿尔汉格尔斯克港、萨别塔港和摩尔曼斯克港是几十万人口规模型的城市，占据优势。萨别塔港建设有可以容纳三万人的营地，可以解决人口的不足劣势。

① Погода и климат, http://www.pogodaiklimat.ru/climate/22113. htm, 09, 11, 2017Г.

表 3-4　北极十大港口的人口分布状况

港口	普罗维杰尼亚港	乌厄连港	佩韦克港	下扬斯克港	季克西港	迪克森港	萨别塔港	梅津港	阿尔汉格尔斯克港	摩尔曼斯克港
人口（2017 年）	2109	632	4547	233	3380	609	337501	3287	351488	298096

数据来源：根据俄罗斯网站整理①。

5. 中俄合作基础

从中俄合作基础来看，萨别塔港基础较好。萨别塔港 2012 年建设的初衷就是服务于亚马尔液化天然气（LNG）项目，目前中俄在该项目的合作已经投产，存在较好的合作基础。此外，萨别塔港是中国新疆、哈萨克斯坦和俄罗斯鄂毕河沿岸货物到达北极的集散港，对中俄未来合作意义重大。此外，阿尔汉格尔斯克也有着较好的中俄合作基础。据俄新网报道，2013 年，阿尔汉格尔斯克政府向中方推介深水港项目，中方表现出浓厚的兴趣，打算就港口建设、交通物流基础设施建设等方面进行投资，初步

① Города России, http://города-россия.рф/sity_id.php?id=50, 12, 12, 2017Г. Морской порт, http://www.mapm.ru/Port, 21, 11, 2017Г.Приложение к распоряжению Росморречфлота от 29.04.2014г. № СГ–167–р, http://www.pma.ru/providenia/about/rasporyjeniy.php, 13, 12, 2017 Г .Федеральная служба государственной статистики, http://www.gks.ru/wps/wcm/connect/rosstat_main/rosstat/ru/statistics/population/demography/#, 15, 12, 2017Г.

规划建设周期为 8 年。

（二）评估总结

通过对影响支点港口建设的地理位置、开发潜力、通航期、人口、中俄合作基础进行分析，对北极十大港口的优劣有了初步认识。表 3–5 围绕以上五种因素，设置五个评估等级标准，优：5 分；优 –：4 分；良：3 分；中：2 分；差：1 分。

表 3–5　北极十大港口评析总结

港口	地理位置 2	开发潜力 3	通航期 4	人口 5	中俄合作基础 6	总计
普罗维杰尼亚港	优 –4	良 3	良 3	良 3	中 2	15
乌厄连港	优 5	优 5	良 3	差 1	中 2	16
佩韦克港	中 2	良 3	良 3	良 3	中 2	13
下扬斯克港	良 3	良 3	良 3	差 1	中 2	12
季克西港	优 5	优 –4	良 3	良 3	中 2	17
迪克森港	中 3	良 3	良 3	良 3	中 2	14
萨别塔港	优 5	良 3	良 3	优 –4	优 –4	19
梅津港	中 2	中 2	优 –4	良好 3	中 2	13
阿尔汉格尔斯克港	中 2	中 2	优 –4	优 5	良 3	16
摩尔曼斯克港	优 5	中 2	优 5	优 5	中 2	19

数据来源：根据公开资源整理。

评估结果：根据分值从大到小依次为摩尔曼斯克港 19 分；萨别塔港 19 分；季克西港 17 分；乌厄连港 16 分；阿尔汉格尔斯克港 16 分；普罗维杰尼亚港 15 分；迪克森港 14 分；佩韦克港 13 分；梅津港 13 分；下扬斯克港 12 分。因此，摩尔曼斯克港、萨别塔港、季克西港、乌厄连港、阿尔汉格尔斯克港可以作为中俄共建“冰上丝绸之路”支点港口的选择对象。

（三）五大支点港口详细分析

1. 摩尔曼斯克港

摩尔曼斯克港位于北纬 68.58 度、东经 33.05 度，始建于 19 世纪 80 年代，是北极地区最大的城市，现在是俄罗斯北海舰队司令部所在地。受北大西洋暖流的影响，摩尔曼斯克港终年不冻港。

如表 3–6 所示，摩尔曼斯克的人口规模在 30 万左右，可以为支点港口建设提供充足的劳动力。但是，从数据上来看，呈现逐年递减趋势。

表 3–6　摩尔曼斯克港的人口状况

年份	2003	2005	2008	2010	2011	2012	2013	2014	2015	2016	2017
人口	336100	325100	314700	307257	307300	305034	302468	299148	305236	301572	298096

数据来源：Количество жителей Мурманска Города России, http://города-россия.рф/sity_id.php?id=63, 07, 12, 2017 Г。

表 3–7 为摩尔曼斯克近三十年来的气温状况，与北极其他港口相比，温度较高。受北大西洋暖流影响，海水温度较高，是俄罗斯北极地区唯一的终年不冻港。①

表 3–7　摩尔曼斯克全年气温状况

摩尔曼斯克港 1981—2010 年平均气温													
月份	1	2	3	4	5	6	7	8	9	10	11	12	年均气温（摄氏度）
最高温度（摄氏度）	7	6.6	9.0	16.9	29.4	30.8	32.9	29.1	24.2	15	9.6	7.2	18.1
平均温度（摄氏度）	–10.1	–9.7	–5.5	–0.7	4.0	9.2	12.8	11.1	7.0	1.5	–4.8	–11.2	0.3
最低温度（摄氏度）	–39.4	–38.6	–32.6	–21.7	–10.4	–2.5	1.7	–2	–5.4	–21.2	–30.5	–35	–19.8

数据来源：Погода в Мурманске, Погода и Климат, http://www.pogodaiklimat.ru/climate/22113.htm, 07, 12, 2017Г。

① Центр мониторинга геофизической обстановки, http://riac51. ru, 07, 12, 2017Г.

图 3–5　摩尔曼斯克港

资料来源：Морской порт Мурманск, http://www.mapm.ru/Port/Murmansk, 06, 12, 2017Г。

摩尔曼斯克港是一个综合性港口，由 3 个港口组成：渔港、货运港和客运港。货运港拥有 50 个可以起重 5—40 吨货物的码头起重机、120 个可装载 1.5—10 吨的自动装卸车，以及 3 个专门用于矿产的集装箱。港口有 6 个 28400 平方米的露天仓库，其中一个可容纳 25000 吨的仓库用于储存矿物。客运港有两个长为 148 米的码头，深度为 6.5 米。① 港口货运量如表 3–8 所示。从表中可以看出，近十年来，摩尔曼斯克港的货运量都在 2000 万吨以上，其中受西方制裁，2014 年和 2015 年货运量大幅度下降，

① Мурманский морской торговый порт, http://www.portmurmansk.ru/ru/about/, 07, 12, 2017Г.

2016 年有所恢复，2017 年创历史新高，超过 5000 万吨，前景十分乐观。

表 3–8　摩尔曼斯克港货运量

年份	2007	2008	2009	2010	2011	2012	2013	2014	2015	2016	2017
货运量（百万吨）	24.6	24.8	35.3	32.8	25.5	23.7	31.4	21.9	22	33.4	51.7

数据来源：Крупнейшие морские порты России динамика развития, https://aftershock.news/?q=node/611093&full, 07, 12, 2017Г。

摩尔曼斯克机场是一个综合性的大型国际机场，如图 3–6 所示。机场跑道长 2500 米、宽 45 米。2015 年的客流量为 751258 人。机场运行时间是早 6：23 至次日凌晨 0：30，白天每 10—15 分钟一班飞机，晚上 8：00 以后每 30—50 分钟一班飞机，是较

图 3–6　摩尔曼斯克机场

为繁忙的极地机场。①

目前有 8 家航空公司在摩尔曼斯克机场有航线，可以起降的机型为各种客机、运输机、直升机等。②

2. 萨别塔港

萨别塔港位于北纬 71.15 度、东经 72.06 度的喀拉海鄂毕湾亚马尔半岛东部，是一个大规模的建设营地，可以容纳 3 万多名建设者。港口上有俄罗斯最大的独立天然气生产商诺瓦泰克公司投资的亚马尔 LNG 项目。

2002 年萨别塔港只有 19 人，③2017 年 8 月建设者已经达到 33750 人。

萨别塔港 6—9 月份的年平均温度都在零摄氏度以上，其他时间通航需要借助于破冰船。

表 3–9　萨别塔港全年气温状况

月份	1	2	3	4	5	6	7	8	9	10	11	12
最高气温（摄氏度）	–20.7	–21	–17.4	–11	–4.1	3.3	10.3	9.9	4.6	–3.9	–12.2	–16.8

① Аэропорт Мурманск, http://airport-murmansk.ru, 02, 12, 2017Г.

② Аэропорт Мурманск, http://airport-murmansk.ru, 02, 12, 2017Г.

③ Данные Всероссийской переписи населения 2002 года: таблица 02с. М.: Федеральная служба государственной статистики, 2004. , 06, 12, 2017Г.

续表

月份	1	2	3	4	5	6	7	8	9	10	11	12
平均气温（摄氏度）	–24.6	–25.1	–22.4	–16.1	–7.8	0.7	6.8	7	2.4	–6.4	–15.7	–20.3
最低气温（摄氏度）	–28.4	–29.1	–27.4	–21.2	–11.4	–1.8	3.3	4.2	0.2	–8.9	–19.2	–23.8

数据来源：Климат Сабетты, климатические данные городов по всему миру, https://ru.climate-data.org/location/635651/, 02, 12, 2017Г。

萨别塔港的通航期为每年的7—10月份，港口建有防冰装置，配备了原子能破冰船和带破冰功能的LNG运输船。表3–10为萨别塔港2016年和2017年的货运量。从表中可以看出，近年来，萨别塔港的货运量是在不断增加。萨别塔港已经建成了6个物资卸载泊位，截至2017年年底，已经运送了1000万吨货物。萨别塔港现在还处于规划扩建当中，未来还打算建设2个LNG和凝析油装载泊位。①

表3–10　萨别塔港货运量

年份	2016	2017
货运量（单位：百万吨）	2.8	8

数据来源：Крупнейшие морские порты России динамика развития, https://aftershock.news/?q=node/611093&full, 12, 2017Г。

① 中国石油新闻中心：《亚马尔LNG项目建设纪实》，2017年2月14日，http://news.cnpc.com.cn/system/2017/02/14/001633874.shtml。

萨别塔港建有现代化的国际机场，如图 3–7 所示。机场跑道长 2704 米、宽 46 米。2015 年 2 月，萨别塔机场开始投入运营，截至 2017 年 2 月，机场已经运送旅客 36 万人、货物 4000 吨。① 在机场拥有线路的航空公司主要有尤戴尔航空公司（莫斯科—新乌连戈伊—萨马拉线路）、亚马尔航空公司（莫斯科—新乌连戈伊—萨马拉—萨列哈尔德—乌法线路）。机场可起降的机型为伊尔 –76、波音 –787、波音 –767–200、图 –204、安 –26 等。②

图 3–7　萨别塔港机场

---

① 中国石油新闻中心：《亚马尔 LNG 项目建设纪实》，2017 年 2 月 14 日，http://news.cnpc.com.cn/system/2017/02/14/001633874.shtml。

② Аэропорт Сабетты, Климат-цифра, http://sabetta.aero, 06, 12, 2017Г.

3. 季克西港

季克西港位于北纬 71.38 度、东经 128.52 度，于 1933 年建立，位于勒拿河入海口。季克西港是苏联重要的军事基地，也是北极地区比较大的城市。

如表 3–11 所示，季克西港 6—9 月份 1981—2010 年平均温度在零摄氏度以上，这段时间比较适合通航，其他时间需要借助于破冰船。

表 3–11　季克西港全年气温状况

月份	1	2	3	4	5	6	7	8	9	10	11	12
最高气温（摄氏度）	–7.6	–5.2	1.6	9.6	23.6	32.8	34.3	29.8	23.0	6.1	–1.2	–4.9
平均气温（摄氏度）	–30.2	–29.6	–26.3	–18.3	–6.1	3.2	7.6	7.7	1.6	–10.8	–23.4	–28.4
最低气温（摄氏度）	–48	–50.5	–47.2	–46.9	–32.2	–15.8	–3.9	–4	–18.2	–35	–43.9	–48.8

数据来源：Погода в Тикси, Погода и Климат, http://www.pogodaiklimat.ru/climate/21824. htm, 05, 12, 2017Г。

如表 3–12 所示，2005—2008 年 4 年时间内季克西人口减少了将近一半，此后也在逐年递减，近几年人口稳定在 4500 人左右。一方面说明了季克西存在巨大的人口容纳空间；另一方面在建设的过程中也不排除会出现“返乡潮”。

表 3–12 季克西港的人口分布状况

年份	1959	2005	2008	2010	2011	2012	2013	2014	2015	2016	2017
人口	9505	11649	5873	5566	5063	5496	5023	4660	4557	4556	4604

数据来源：Федеральная служба государственной статистики, http://www.gks.ru/wps/wcm/connect/rosstat_main/rosstat/ru/statistics/population/demography/#, 03,12, 2017Г。

季克西港的通航期为 7—10 月份。港口有 4 个集装箱码头、9 个起重机、6 个漂浮起重机、4 个履带起重机、30 台自动装货车以及 50 台汽车。港口的露天仓库面积为 52900 平方米，室内仓库面积为 3800 平方米，液体储存面积为 38000 吨。①

季克西有机场，如图 3–8 所示。机场跑道长为 3000 米、宽为 59 米。机场可起降的机型主要为安 –12、安 –74、伊尔 –76、

图 3–8 季克西港机场远景图

① Обязательные постановления в морском порте Тикси, http://www.pma.ru/tiksi/about/, 03, 12, 2017Г.

图 –154、雅克 –40、雅克 –42、波音 –737 等。

4. 乌厄连港

乌厄连港位于北纬66.2度、西经169.8度的亚欧大陆最东端，面积为 166.35 平方千米，紧邻白令海峡，是经过北极航线的咽喉要道。沙俄时期是俄美两国的贸易港，苏联时期是俄罗斯重要的军事基地，但没有飞机场。

从表 3–13 中可以看出，乌厄连港 6—9 月份 1981—2010 年平均气温在零摄氏度以上，这段时间比较适合通航。

表 3–13　乌厄连港全年气温状况（1981—2010 年）

月份	1	2	3	4	5	6	7	8	9	10	11	12
最高气温（摄氏度）	6.1	5.4	3	5.5	8.8	17.8	25	21	16.3	11.1	8.4	10
平均气温（摄氏度）	–20.5	–21.4	–19.7	–12.8	–3.1	2.6	6.7	6.5	3.5	–1.4	–8	–15.6
最低气温（摄氏度）	–42.8	–44.5	–42	–37.2	–26.1	–10	–1.3	–2.2	–8.9	–22	–33.2	–38.9

数据来源：Погода в Уэлене, Погода и Климат, http://www.pogodaiklimat.ru/monitor.php?id=25399, 08, 12, 2017Г。

从表 3–14 可以看出，近十年来，乌厄连港人口基本稳定在 700 人左右，主要是土著居民和军事基地遗留的俄族人。以渔猎为生，宗教信仰为天主教，附近设有学校、商店，可以接通网络，具备基本的社会生活基础①。

表 3–14　乌厄连港人口分布状况②

年份	1931	2002	2008	2010	2011	2012	2013	2014	2015	2016
人口	255	678	740	720	712	712	697	670	651	632

总之，像北极其他港口一样，乌厄连港气候寒冷，一年内大部分时间处于冰冻期。但其地理位置极佳，也存在一定的建设基础。虽然乌厄连港人口较少，但可以效仿萨别塔港建设经验，建设大规模的建筑营地，引进大批建设者。

5. 阿尔汉格尔斯克港

阿尔汉格尔斯克港位于北纬 64.33 度、东经 40.32 度，早在 1811 年城市就已经存在。从表 3–15 可以看出，阿尔汉格尔斯克港的人口在 30 万人以上，近年来在不断增加。2017 年城市人口为 351488 人，是大型的北极城市。

---

① Уэлен——официальной сайт, https://mygorods.ru/16648#magaziny, 08,12,2017 Г.

② Федеральная служба государственной статистики, http://www.gks.ru/wps/wcm/connect/rosstat_main/rosstat/ru/statistics/population/demography/#, 08, 12, 2017Г.

表 3–15　阿尔汉格尔斯克港的人口状况

年份	2007	2008	2009	2010	2011	2012	2013	2014	2015	2016	2017
人口	348600	348700	348305	348783	348576	349533	350985	350368	350982	351226	351488

数据来源：Количество жителей Архангельска, Города России, http://города-россия.рф/sity_id.php?id=63, 07, 12, 2017Г。

阿尔汉格尔斯克港气候比较温和，4—10 月份 1981—2010 年平均气温在零摄氏度以上，气温分布图如表 3–16 所示。

表 3–16　阿尔汉格尔斯克港全年气温状况

月份	1	2	3	4	5	6	7	8	9	10	11	12
最高气温（摄氏度）	5	5.2	12.1	25.3	31.7	33	34.4	33.4	27.7	18.3	10	5.8
平均气温（摄氏度）	–12.7	–11.4	–5.5	0.4	6.9	13	16.3	13.1	8.2	2.3	–5.1	–9.7
最低气温（摄氏度）	–45.2	–41.2	–37.1	–27.3	–13.7	–3.9	–0.5	–4.1	–7.5	–21.1	–36.5	–43.2

数据来源：Погода в Архангельске, Погода и Климат, http://www.pogodaiklimat.ru/climate/22113.htm, 07, 12, 2017Г。

阿尔汉格尔斯克港长 3.3 千米，是北极地区比较大的港口，港口货运量如表 3–17 所示。从表 3–17 中可以看出，自 2012 年以来，阿尔汉格尔斯克港的货运量逐年下降。

表 3–17　阿尔汉格尔斯克港货运量

年份	2007	2008	2009	2010	2011	2012	2013	2014	2015	2016
货运量（百万吨）	5.3	4.68	3.25	3.67	4.3	5.2	4.4	4.2	3.8	2.6

数据来源：Крупнейшие морские порты России динамика развития, https://aftershock.news/?q=node/611093&full, 03, 12, 2017Г。

阿尔汉格林斯克港机场长为 2500 米、宽为 44 米。如图 3–9 所示。机场可起降的机型主要为安 –12、安 –24、安 –26、伊尔 –76、伊尔 –114、图 –134、图 –154、雅克 –40、雅克 –42、波音 –737、波音 –767、空客 –A321 等。

图 3–9　阿尔汉格尔斯克港机场

阿尔汉格尔斯克港是北极地区的大型城市，发展历史比较悠久，气候温和，港口和机场的规模都比较大，现代基础设施建设较为完善。

六、中俄共建“冰上丝绸之路”支点港口的困难

前文通过评估选出了摩尔曼斯克港、萨别塔港、季克西港、乌厄连港和阿尔汉格尔斯克港这五个备选支点港口。当前俄罗斯虽然已经在北极航线开发中取得了一些成就，但是由于北极地区复杂的气候、地缘等因素，中俄共建“冰上丝绸之路”支点港口仍存在一系列风险。

（一）气候恶劣风险

北极地区气候十分恶劣，冬季漫长，夏季、春季、秋季总共只有 6 个月。这十大港口中，大部分港口只有每年的 7—10 月份平均气温在零摄氏度以上，季克西的最低温度甚至可以达到零

下 50 摄氏度以下。寒冷的气候给支点港口建设带来了巨大难度。根据萨别塔的建设经验，每名工人每天户外工作时间十分有限，如果户外风力较大时，就不得不停止工作。

（二）地缘风险

2007 年 8 月，“北极—2007”科考活动期间俄罗斯在北极点海底插上国旗宣示主权。自此以后，北极域内国家对北极地区的争夺愈加激烈。目前北极地区大国角逐主要分为三个阵营，第一阵营是以俄罗斯和加拿大为首的北极国家，始终坚持自己在北极开发中的主导地位，美国也属于第一阵营。第二阵营包括挪威、丹麦等北极国家，这些国家为了提高在与北极大国竞争中的地位，更倾向于吸引域外大国参与到北极开发中。例如，挪威和俄罗斯历史上在巴伦支海存在划界争端，但对中国参与北极开发持开放态度：中国在北极地区建立科学考察站时，挪威提供了不少帮助。第三阵营是以中、日、韩、印为主的域外国家，这些国家大都以北极国家为依托参与到北极开发中。在未来的北极争夺中，大国之间错综复杂的利益关系也会影响到“冰上丝绸之路”支点港口建设。

（三）商业风险

俄罗斯国内法规和政策规定，只允许国有股份超过50%且拥有不少于5年海洋勘探经验的公司进行大陆架资源勘探。但有资质的国企却有不少面临重大财务问题，同时缺乏相关技术和经验。虽然在亚马尔LNG项目中，俄罗斯采取了灵活的政策，但是灵活度的“度”和“实施面”则取决于俄罗斯。因此，支点港口建设也会面临巨大的商业风险。

（四）政治风险

2014年7月，美国开始针对俄罗斯实行第二轮制裁，限制多个俄罗斯银行和公司进入美国债券市场，其中包括俄罗斯石油公司和诺瓦泰克公司。同月，欧盟和美国又实行了第三轮针对特定公司和行业的制裁。制裁禁止向俄罗斯出口用于北极深海和页岩开采项目的高科技石油装备。如果未来西方将制裁范围拓展到俄罗斯的北极其他开发项目中，如本书的港口建设，那么将会影响到中俄共建“冰上丝绸之路”支点港口。

七、中俄共建“冰上丝绸之路”支点港口的建议

中俄共建“冰上丝绸之路”虽然面临诸多风险，但是，如果采取有利条件，也能规避一些风险。以下是本书为中俄共建“冰上丝绸之路”支点港口提出的建议。

（一）中俄协作至关重要

中俄共建“冰上丝绸之路”支点港口的前提是中俄之间高水平互信。2016 年，中俄两国总理在举行定期会晤期间将北极航线合作写入了联合公报。此后，2017 年，两国外长会晤期间提出了共建“冰上丝绸之路”，半年即实现了政策沟通，不到一年首个项目——亚马尔 LNG 投产，这与中俄之间高水平的政治互

信密不可分。在接下来的合作中，中俄两国还应进一步提高互信水平，保障政策沟通渠道畅通无阻。

（二）“一港一策”的建设方案

北极港口开发时间不一样，潜力也有所不同，情况千差万别，在港口建设过程中应采取“一港一策”方案，因地制宜发挥地理位置优势。乌厄连港的地理位置比较特殊，是北极航线的咽喉要道，可以采取类似于新加坡港的方式，将其打造为“自由港”。季克西港是苏联时期的军事中心，可以将其打造为北极航线的监测、搜救和服务中心，服务过往船只。萨别塔港可以被打造为以 LNG 项目为核心的产业开发区。针对摩尔曼斯克港和阿尔汉格尔斯克港这样比较成熟的港口，可以采取合资的方式进行升级改造，或者采取悉尼港的方式。季克西港和萨别塔港分别为勒拿河和鄂毕河的河口处，还应该注重强化这两个港口的货物集散功能，发挥其辐射河流沿岸区域经济发展的作用。

（三）建设破冰、防冰设备

这五个支点港口除了摩尔曼斯克港为终年不冻港外，其他港口都有半年以上的结冰期，需要借助于破冰船破冰领航。应优先给乌厄连港、季克西港、萨别塔港配备相应的破冰船。俄罗斯在破冰船建设方面一直有优势。据不完全统计，截至 2016 年 6 月，俄罗斯拥有 41 艘破冰船，仍为全球最多。表 3–18 为俄罗斯主要核动力破冰船概况。2016 年 5 月，俄罗斯“北极号”破冰船在圣彼得堡波罗的海下水，这是全球最大的核动力破冰船。此外，俄罗斯为萨别塔港配备了防冰装置，其他港口也应效仿萨别塔港的经验。

表 3–18 俄罗斯（包括苏联）的主要核动力破冰船概况

船名	总长（米）	型宽（米）	吃水（米）	排水量（吨）	航速（节）	破冰能力（米）	推进功率（兆瓦）	服役时间（年）	备注
列宁号	134	27.6	10.1	13366	19.7	2	32	1959—1989	3 座 OK150 堆
北极号	147.9	29.9	11	23460	20.8	2	52.8	1975—2008	2 座 OK900A 堆
西伯利亚号	147.9	29.9	11	23460	20.8	2	52.8	1977—1992	2 座 OK900A 堆
俄罗斯号	147.9	29.9	11	23460	20.8	2	52.8	1985	2 座 OK900A 堆
泰米尔号	149.7	28.9	9	21100	22	2.2	35	1989	1 座 KLT40M 堆
瓦伊加奇号	149.7	28.9	9	21100	22	2.2	35	1990	1 座 KLT40M 堆
苏维埃联盟号	147.9	29.9	11	23460	20.8	2	52.8	1990	2 座 OK900A 堆

续表

船名	总长（米）	型宽（米）	吃水（米）	排水量（吨）	航速（节）	破冰能力（米）	推进功率（兆瓦）	服役时间（年）	备注
亚马尔号	147.9	29.9	11	23460	20.8	2	52.8	1992	2 座 OK900A 堆
50 周年胜利号	159.6	30	11.1	25840	21.4	2.8	52.8	2007	2 座 OK900A 堆
北极号（22220 型）	173	34	10.5	33540	22	2.8	60	2018（预计 2016 年下水但并未服役）	2 座 RITM200 堆

数据来源：康美泽：《各国主要破冰船一览表》，《舰船知识》2016 年第 11 期。

（四）制定优惠的人口迁移政策解决人口问题

擅长迁移是俄罗斯民族的一个特点。苏联时期，北极建设者建立了一些城市聚居点，苏联解体后，这些城市聚居点就逐渐衰落了。现在，俄罗斯建设者又重新回到了极地地区，萨别塔港就是案例。乌厄连港和季克西港人口较少，可以通过大规模人口迁移政策来解决这一问题。

（五）吸引更多参与方规避风险

最后，要争取引进第三方参与者，将北极开发的“蛋糕”做大、做好。首先，可以吸引西方国家参与，既可在一定程度上规避西方对俄制裁的风险，又可以降低商业风险，例如，在亚马尔 LNG 项目中，法国道达尔公司拥有 20%的股权。其次，可以吸引域外国家参与到建设中，充分发挥各自的优势，例如亚马尔 LNG 项目在承建中就吸引了日本的千代田和日晖。韩国在造船方面拥有优势，也可以作为合作对象。最后，挪威、丹麦、冰岛、芬兰等这些相对小的北极国家也可以成为合作对象，发挥各自的优势，例如，芬兰在破冰船建造上有优势。此外，芬兰计划与挪威共同修建通向北冰洋的“北极走廊铁路”，这一计划也需要观察、研究。另外，充分发挥北极理事会等国际合作平台的作用，吸引更多方参与到北极港口建设，乃至更广泛的北极合作中。

八、中俄共建“冰上丝绸之路”支点港口对中国的意义

（一）促进东北振兴

北极航线联结中国北方和欧洲两大贸易区域，特别是为我国东北地区加强与欧洲联系提供了一条安全的短距离航线，有助于促进东北振兴。例如，通过扎鲁比诺港经济合作区建设，不仅为东北地区企业发展带来了机遇，还可以将我国吉林、黑龙江这两个没有出海口的省份的货物通过北极航线运送到欧洲地区。

首先，扎鲁比诺港经济合作区建设为东北地区企业“走出去”提供了机遇。在俄罗斯扎鲁比诺港经济合作区项目建设中①，

① 案例来源：2017 年 12 月 5—6 日，吉林大学和俄罗斯军事科学院共建的中俄二战及战后国际和平研究中心在长春举办的中俄共同打造的“冰上丝绸之路研讨会”，发言人：吉林省盛铭实业有限公司总经理王晓明。

作为资金筹集方的吉林省盛铭实业有限公司围绕园区建设邀请了东北地区相关企业参与到项目建设中。例如，在经济合作区高速轨道列车和地铁建设方面，公司计划引进中车长春轨道客车股份有限公司；在木材加工方面，该公司还计划引进吉林延边林业集团。

其次，扎鲁比诺港可以作为黑龙江和吉林两省通过日本海走北极航线联通欧洲的出海港。黑龙江和吉林两省离日本海最近的出海口是朝鲜的先锋和罗津港，但是考虑到朝鲜国内政治的特殊性，港口的安全性没有保障，而扎鲁比诺港可以作为这两个省份的出海港。据悉，扎鲁比诺港现有 4 个泊位，码头总长为 650 米，水深 8.5—10 米，可以停靠万吨级轮船，年吞吐量为 120 万吨，扎鲁比诺港经济合作区建成后，还可以增加 30 万吨的吞吐量。此外，扎鲁比诺港和吉林省珲春市有铁路和公路相连，为黑龙江和吉林两省的货物运送到扎鲁比诺港提供了方便。

（二）拉动北方港口发展

从港口建设方面来说，北极航线联结中欧两大贸易区域，为我国北方港口发展提供机遇，进而带动地方港口群建设。例如，随着北极航线的开发，营口港、葫芦岛港、锦州港等环渤海湾港口群的货运量将会大大增加，进而刺激这些港口发展。

亚马尔LNG项目的投产也会刺激我国北方港口发展。中国大部分LNG接收站位于沿海港口城市，如表3–19所示，截至2018年1月，中国北方共有15个LNG接收站，处于筹建中的有11个、在建的有1个，已经投产的有3个。亚马尔LNG项目2019年全线投产后，中国将会是重要进口国，届时将会刺激这些LNG接收点的港口发展。

表3–19　截至2018年1月中国北方的LNG接收站所在地

	筹建	在建	投产
港口	威海、青岛、连云港、秦皇岛、东营、日照、营口、曹妃甸、滨州、威海、烟台	烟台	大连、唐山、天津
共计（个）	11	1	3

资料来源：LNG物联网。

（三）保障“煤改气”与环境治理

在“煤改气”大背景下，共建“冰上丝绸之路”对缓解我国的天然气供应紧张局面意义重大。国家统计局2017年10月19日公布的数据显示：2017年1—9月我国天然气产量为1087亿立方米，同比增长9.1%；绝对消费量为1671亿立方米。绝对消费量和增幅均高于产出。而同期我国的天然气进口量达604.7亿立方米，同比增长22.3%，占实际需求的1/3以上。产量远远无法满足需求量，需要从海外大量进口，亚马尔LNG项目可以在一定程度上缓解我国的“气荒”局面。亚马尔LNG 2019年全线投产后，每年可以向中国提供大量的天然气，开采许可至少到2045年。

其次，根据相关专家透露，考虑到油价下降的影响，2014年，中方与该项目签订的LNG长贸合同到岸价格低于来自澳大利亚、卡塔尔的LNG项目价格，在一定程度上摊薄了中国进口国外LNG的长协成本。① 从某种意义上来讲，对于消费者而言，

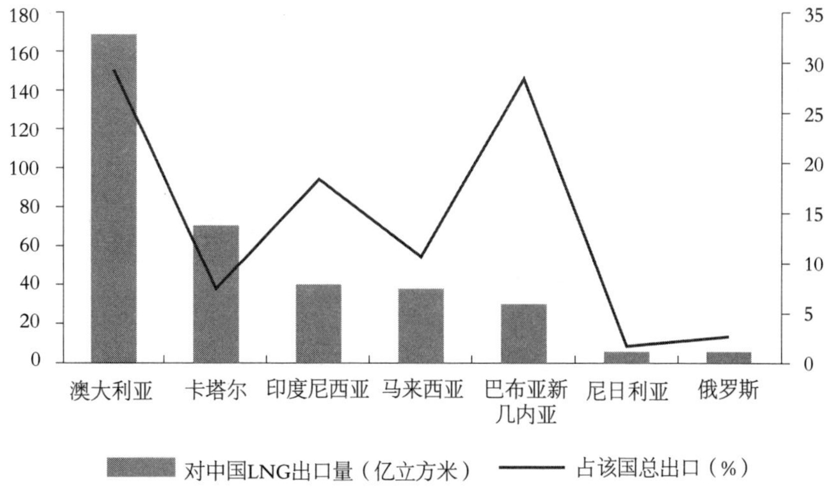

图3–10　2017年对中国出口LNG国家情况

数据来源：根据中国海关总署2017年进出口统计数据整理。

---

① 陆如泉：《亚马尔天然气及LNG一体化项目的战略意义》，《中国石油报》2017年12月19日。

北极、气在价格上可能会更加优惠。

最后，中俄共建“冰上丝绸之路”支点港口对我国实现能源进口多元化，保障能源安全意义重大。如图 3–10 所示，2017 年对中国出口 LNG 最多的两个国家是澳大利亚和卡塔尔。近年来，澳大利亚频出“反华”声音，卡塔尔所处的中东地区局势也不稳定。如何在我国能源需求不断增加的大背景下确保能源安全也是迫切需要解决的问题，而亚马尔 LNG 项目则有助于我国实现能源进口多元化，在一定程度上能缓解能源安全问题。

（四）推动相关产业发展①

中俄共建“冰上丝绸之路”支点港口，也将给中国相关产业的企业带来新的发展机遇。

1. 能源产业

能源一直是中俄合作的主要领域，也是两国共建“冰上丝绸之路”的重要领域之一。中国大型国有石油企业——中国石油

① 本报告列举的企业均为事实描述，不代表本报告为这些企业的投资行为背书，据此投资风险自负。

天然气集团有限公司就是这一产业的重要参与方和受益方。2013年，中石油开始与俄罗斯诺瓦泰克就亚马尔 LNG 项目进行谈判。2014 年，双方签署了战略合作协议，根据规定，中国石油天然气集团有限公司持有亚马尔 LNG 项目 20%的股权。

2. 造船业

在“冰上丝绸之路”合作中，中国的造船业也是受益比较多的产业，在过去几年里，中国先后有多家中资及在华外资企业在“冰上丝绸之路”建设中受益，本书列举 4 家典型企业。

（1）大宇造船海洋（山东）有限公司

2014 年，山东大宇造船厂接获了亚马尔 LNG 项目 15 艘 17 万立方米冰级 LNG 船的建造合同，每艘船造价约为 3.2 亿美元，预计将在 2020 年上半年之前完成交付。2016 年 3 月，大宇造船宣布成功交付 LNG 项目第一艘冰级 LNG 船“Christophe de Margerie”号，这也是全球首艘北极专用（ARC7 冰级）LNG 船。①

（2）青岛北海船舶重工有限责任公司

2016 年 12 月 14 日，由北海船舶重工为俄罗斯红星造船厂建造的 4 万吨举力浮船坞已正式开工。这一浮船坞由上海船舶设

① 《红星造船厂有望获 15 艘冰级 LNG 船》，2017 年 10 月 26 日，http://www.Eworldship.com/html/2017/New Order_1026/133019.html。

计研究院（SDARI）设计，总长 280 米，型宽 62 米。①

（3）南通中远重工有限公司 / 中远造船工业有限公司

根据红星造船厂和中国南通中远重工签订的协议，2016—2017 年间，后者向红星造船厂提供 1 座 1200 吨级龙门吊，以及 4 座 320 吨级与 4 座 100 吨级起重机。②

（4）广船国际有限公司

2016 年 1 月和 4 月，广船国际有限公司向红星造船厂分别交付了两艘 ARC7 冰级重载甲板运输船。该船舶能在 1.5 米冰厚的海况下保持 2 节航速，主要承担将大型海洋工程模块运到亚马尔 LNG 项目工地的任务。同年 11 月，该企业又开始为亚马尔项目建造一艘 ARC7 冰级凝析油运输船，该船也采用吊舱推进系统，船艏船尾双向破冰，载重量达 4.45 万吨。③

3. 金融业

中国金融企业的参与也有力支持了“冰上丝绸之路”建设，并从中受益。例如，在中俄共建的亚马尔 LNG 项目中，中国工

① 《北船重工为红星造船综合体建造船坞》，2017 年 5 月 15 日，http://www.Eworldship.com/html/2017/Shipyards_0515/128034.html。

② 《南通中远重工出席俄红星造船厂完工庆典》，2016 年 9 月 6 日，http://www. Eworldship.com/html/2016/Manufacturer_0906/119450.html。

③ 《中石油：中国船舶制造企业积极参与亚马尔液化气项目》，2017 年 6 月 13 日，http://Sputniknews.cn/russia/201706131022846662/。

商银行、国家开发银行与丝路基金一起为其融资 190 亿美元，占据整个项目总投资额的 63%。这些来自中国方面的投资，有力地支持了亚马尔 LNG 项目。

此外，正处于规划中的“滨海 1 号”和“滨海 2 号”国际运输走廊项目将会吸引来自中国进出口银行、国家开发银行以及黑龙江投资公司的投资。①

4. 道路交通

互联互通是“冰上丝绸之路”建设的重要领域，中国的交通建设企业也积极参与到了建设中。例如，2017 年 11 月，俄副总理特鲁特涅夫与中国交通建设股份有限公司总裁举行了会谈，双方宣布该公司将参与国际运输走廊“滨海 1 号”和“滨海 2 号”开发项目。②

---

① 案例来源：2017 年 12 月 5—6 日，吉林大学和俄罗斯军事科学院共建的中俄二战及战后国际和平研究中心在长春举办的中俄共同打造的“冰上丝绸之路研讨会”，发言人：俄罗斯智能交通技术设计公司总经理 Борейко Александр Евгеньевич。

② 案例来源：2017 年 12 月 5—6 日，吉林大学和俄罗斯军事科学院共建的中俄二战及战后国际和平研究中心在长春举办的中俄共同打造的“冰上丝绸之路研讨会”，发言人：俄罗斯智能交通技术设计公司总经理 Борейко Александр Евгеньевич。

5. 物流产业

共建“冰上丝绸之路”也为中国物流业发展提供了机遇。2013 年，中远集团的“永盛”号就是最早通过北极航线的中国船舶。为了开拓北极业务，2018 年 2 月 9 日，中远海运日本株式会社与中远海运特种运输股份有限公司在东京联合举办了“中远海运北极航线日本推介会”，吸引了 110 多名中日企业代表。①

6. 车辆产业

中国的车辆产业也是“冰上丝绸之路”建设中的受益产业。例如，2016 年，红星造船厂还与中国的苏州大方特种车辆有限公司签署了供应 5 辆重型自行运输车的合同，包括 2 辆 650 吨级、2 辆 320 吨级和 1 辆 150 吨级运输车，用于运输船体分段。②

7. 海洋工程产业

共建“冰上丝绸之路”也为中国的海洋产业带来了发展机遇。

① 《中远海运北极航线日本推介会开启“冰上丝绸之路”合作新篇章》，2018 年 2 月 11 日，http://www. Coscol.cn/News/Detail.aspx?ID=11547。

② 《红星造船厂获首批 11 艘新船订单》，2016 年 9 月 5 日，http://www. Eworldship.com/html/2016/New Order_0905/119413.html。

例如，在中俄共建的亚马尔 LNG 项目中，以中石油的海洋工程公司和中海油旗下的海油工程公司为主力，中石化旗下的炼化工程公司、青岛武船麦克德莫特、蓬莱巨涛海洋工程重工有限公司、博迈科海洋工程股份有限公司和南通太平洋海工等中国企业最终承担了约 120 个模块的建造项目。①

8. 码头建设

开发北极航线，共建“支点港口”，码头也是建设的重要方面，未来也将会为中国建筑企业提供新的发展机遇。例如，红星造船厂位于俄罗斯远东滨海城市“大石头”（БольшойКамень）的船厂基地建设就邀请了几家中国企业参与。

① 《亲身实探亚马尔：让中国用上北极气的超级工程》，2017 年 1 月 13 日，http://www.sohu.com/a/124210252_114986。

结 语

自 2017 年 5 月中俄外长会晤期间提出共建“冰上丝绸之路”以来，不到半年时间，两国即完成了政策沟通，并于 2017 年 12 月完成了首个合作项目——亚马尔液化天然气（LNG）项目，两国在北极地区的高效率合作也为实现“两国两港”之间的互联互通提供了可能。而共建“冰上丝绸之路”支点港口也将为中俄两国参与北极公域治理提供合作经验。

北极航线在经济、安全等方面都有巨大价值，共建“冰上丝绸之路”支点港口符合两国利益。北极地区原有的建设基础、俄罗斯对北极开发的灵活政策、萨别塔建设经验以及中国制造的技术支撑等大大提高了两国开发北极、建设北极支点港口的可行性。鉴于北极地区的自然和社会条件，应当精心选择支点港口。本书从地理位置、开发潜力、自然条件、人口因素中俄合作基础等角度出发，选取了摩尔曼斯克港、萨别塔港、季克西港、乌厄连港和阿尔汉格尔斯克港为支点港口。应采取“一港一策”，充分利用优惠人口迁移政策，加强防冰和保温装置，吸引第三方参与，将上述港口打造成为中俄共建“冰上丝绸之路”的支点。

北冰洋距离中国并不遥远。发源于我国的额尔齐斯河最终汇入北冰洋，汇入点就是如今的萨别塔港附近。如今，新的“冰上丝绸之路”将中国与北冰洋、中国与欧洲的距离进一步拉近，也将“一带一路”建设推向新疆域。

第四篇

培育中俄复兴增量

——两国智库关于中俄经济金融合作的共同研究

当前，中俄都处在冷战结束后奋力走向民族复兴的新时代，两国都是世界大国，并互为邻国，长期保持着高水平的合作关系，被视为大国合作的典范。同时，两国面临着几乎完全相同的六大历史使命：实现国家复兴、维护主权完整、推进经济转型、承担国际责任、维护世界和平、推动全球发展。

然而，两国舆论和民众仍存在不同程度的对彼此认识不足甚至误判之处，因此，为深化两国全面合作，增进两国人文和经济交流，实现共同繁荣和国家复兴，有必要就冷战结束以来中俄两国合作关系进行全面梳理和分析，以期进一步凝聚中俄共识，寻求两国关系的进一步发展之道。

一、中俄经济合作取得的成就*

（一）政治交往高水平运转，为中俄经济合作提供良好的顶层设计

中俄两国关系目前处于“历史最好时期”，在多边和重大国际问题上，两国立场大体相同：反对霸权主义，支持全球多极化，积极维护国际社会稳定。双方战略互信较高，合作积极，机制性合作较多，如“上海合作组织”“金砖国家”等。在双边和国家发展问题上，两国一直保持着良好的沟通和会晤机制，如两国国家元首之间、中国全国人大与俄联邦委员会、两国政府总理

* 本报告由中国人民大学重阳金融研究院和俄罗斯总统经济顾问格拉济耶夫团队共同撰写，于 2019 年 6 月 4 日圣彼得堡第六届中俄经济对话会上发布。

间的定期会晤制度。此外，中国地方政府与俄罗斯联邦各主体之间交流与合作也广泛开展。

另外，随着“丝绸之路经济带”与“欧亚经济联盟”的对接合作快速推进，两国在此前合作较为薄弱的领域，如经济、社会和人文等领域也取得了突破进展，“政热经冷”“上热下冷”“老热青冷”等现象得到较大改善。

（二）设施联通积极推进，为中俄经济合作提供广泛的项目支撑

近年来，中俄两国在铁路、公路、水运、民航、口岸及过境运输领域合作取得积极进展，两国跨境基础设施建设稳步推进，过境运输通道不断拓展，人才技术交流更加广泛，交通运输双边多边合作空前活跃。

另外，在“丝绸之路经济带”的六大经济走廊中，“中蒙俄经济走廊”和“新欧亚大陆桥”直接经过俄罗斯，“中国—中亚—西亚经济走廊”间接相连。2018 年，两国围绕“冰上丝绸之路”建设的密切合作也在积极开展中。

（三）资金融通稳步推进，为中俄经济合作提供充沛的资金支持

近年来，随着中俄贸易总量快速增长，人员、货物及资金的跨境流动逐年增加，中俄金融合作越来越紧密，但其水平仍然不够，不能满足日益增长的贸易和经济合作需要，尤其在科学、技术和生产领域。金融领域仍是“丝绸之路经济带”与“欧亚经济联盟”合作中的“瓶颈”，需要大规模的共同投资。

中俄两国金融合作已经形成一系列运行和协调机制。在政府合作方面，两国目前已经形成央行层面的金融合作分委员会机制，在推动两国本币结算、挂牌交易、互设机构、监管合作等方面起到了重要作用；中俄两国政府层面还通过中俄直接投资基金、丝路基金、亚洲基础设施投资银行、上海合作组织银联体等平台加强金融合作。

中俄双方应该在传统银行、保险、证券等方面不断深化和扩大合作。我们需要开始在跨境贸易、共同投资和金融市场一体化方面作出决定性转变，可从当前的本币结算、融资合作和商业银行间业务合作开始。目前美国对俄制裁和与中国的贸易摩擦迅速波及国际货币、金融、贸易和经济等领域，更要求我们进一步加强联合行动。

二、中俄经济合作“瓶颈”与问题

（一）中俄两国贸易投资规模小且结构较为单一

近年来，中俄两国相互投资的步伐明显加快，但总体规模不大，对双边贸易的拉动作用不明显，而且存在投资领域单一、地域分布过于集中等问题。

中俄之间虽然贸易来往频繁，但是规模相对较小，2017年的规模仅仅相当于同期中国与美国贸易额的13%左右，两国的切实合作项目有待增加。另外，中俄贸易结构长期较为单一，能源和原材料等低附加值产品占据比例过大。原材料在国际范围内的价格变动，会直接影响到中俄两国的贸易总量，进而影响两国的经济发展。

（二）中俄两国的金融合作面临诸多现实问题

中俄两国的金融合作受到诸多现实因素的制约。

第一，两国经贸发展水平不均衡，相互投资和贸易额规模较小，导致金融合作发展空间严重受限。

第二，中俄金融合作配套机制尚不完善、信息交流和监管机制不健全，如缺乏市场风险规避工具；同时，中俄两国在欧美的金融制裁下还缺乏高效的支付清算渠道。欧美实施的金融制裁也导致了俄罗斯境内的金融体系较为脆弱，业务风险较高，严重影响了中方金融机构的合作积极性。

第三，私营和国有企业没有采取任何主动和刺激措施使用本国货币，这个问题的原因两国各不相同。从俄罗斯方面来看，部分企业习惯于使用能完全自由兑换的货币，以便将公司在外获得的外汇收入从国内转移到离岸司法辖区以求相关庇护。而中国还没有实现货币的自由兑换，人民币跨境交易的潜力还未完全发挥。

第四，美国及其战略合作伙伴对俄加强制裁对中俄合作有负面影响。由于中国各银行拒绝为俄罗斯个人和法律实体提供相关交易需要，用美元支付过程又过于复杂，受制裁的俄罗斯公司与中国合作伙伴无法以传统方式进行交易结算。

（三）当前的中俄两国合作模式具有一定的局限性

目前，中俄经济合作的特点是政府主导、大项目带动，这种合作方式比较适宜推进大型基础设施建设、涉及国家安全的大型合作项目，如能源、航空航天项目等。虽然大项目、大市场是中俄两国经贸合作发展起来的重点，但这种模式自身存在一定不足，并不适宜市场经济环境下发展起来的加工制造业、创新型产业、服务业等领域的合作。比如，高科技领域合作处于低水平。飞机、电力工业、油气工程等项目长期处于停滞状态。因此，在未来的中俄双边经贸合作形式中，也要适当考虑以企业为主体、以市场经济原则为基础的可持续性合作模式。

此外，提高金融和经济等相关研究的“实践性”也是十分必要的：当前双方的一些经济及技术项目缺少实际行动。中俄两国在制定技术方案和建设大型（欧亚）规模的基础设施项目方面取消了部分项目。原因在于：一方面，俄罗斯缺乏足够的财政支持；另一方面，中国未能使用标准的货币转账和收回机制。双方也应在高级别首脑会议上以及在全球、区域和国家改革领域公开宣布我们的倡议和需求。

（四）中俄两国市场开发程度较低，在诸多行业存在贸易壁垒

俄罗斯学者普遍关心的一个问题就是中国对国内市场的保护。俄远东市场产量有限，一般情况下应该把投资留给出口潜力最大的地方——中国，但中国市场对部分俄罗斯商品尚未开放或仍征收较高的关税，在一定程度上影响了相关合作。例如，中国对俄罗斯小麦的关税高于“欧亚经济联盟”。同时，中国对俄罗斯产品还有进口配额限制（包括小麦、玉米、大米和糖类）。

在中国学者看来，俄罗斯对华进口也存在诸多的技术壁垒。适度的技术性贸易壁垒和绿色贸易壁垒对提高产品质量有一定的积极作用，但是俄方过度的贸易壁垒则导致中国在某些产业与俄罗斯贸易商陷入无法开展合作的困境。

实践表明，中俄在农业领域的合作潜力未得到开发。中国的关税和非关税限制以及俄罗斯出口商缺乏信贷资源，导致双方错过了该领域合作的黄金期。

（五）两国相关部门及项目实施者的认知影响项目的有效执行

中俄经济合作得到相当一部分学者、官员、民众的支持，但具体项目在推进过程中仍面临诸多阻碍。有些项目双方已经签

署协议，在执行过程中却推进力度不足，拖延问题时有发生。比如，俄方经常通过配额、许可证、质检标准等手段和方式限制中国在相关地区的投资。另外，中国企业在投资的过程中也应该更多地考虑当地居民的利益诉求，尊重当地人的生活方式。

从俄方看，俄方高层的战略思路明确，但各部门和地方及官员思想准备尚不充分，真正“建章定制”式的规范构建工作面临诸多阻碍性因素。而中国企业在走出去的过程中存在前期调研准备不足，未充分考虑当地居民利益等问题。

（六）“绿色”金融成本较高

中俄双方领土辽阔、自然资源丰富。保护好现有的各种自然区域是首要考虑的问题。“绿色”金融工具不仅可以解决环境问题，还可以发展国家金融市场，并在国际中提供全球榜样。但是“绿色”倡议的实现既需要符合“数字安全”的原则，又需要与跨国合作相符，成本相对较高。

三、来自两国智库代表的共同建议

（一）中俄两国继续深化政治互信，提高互信“执行力”

为了更好地服务于两国经济合作，还需要进一步夯实两国互信基础，提高互信“执行力”，尤其是执行层之间的互信，为两国经济合作培育良好的环境。例如，在双方高层互访中可以划出一些重点合作项目，并对其进行持续追踪，充分发挥“特事特办”的原则，提高合作效率。

再如，建立中俄经济合作常设委员会（以下简称“委员会”），由双方经济部门的副领导人组成，并由国家领导人亲自授权的高级官员进行监督。制定并实施经济合作战略行动计划（以下简称“行动计划”）。委员会负责在其职权范围内实现行动计划。在不久的将来，两国应设立专门机构负责中俄经济投资合作。简化投资流程，促进双方合作。

美国对外采取的贸易保护主义和单边主义立场，致使现有的国际法和全球金融规则遭到破坏，中国和俄罗斯应该正视这些问题，在“金砖国家”和“上海合作组织”的支持下，继续推进国际金融秩序改革。

（二）中俄两国应加大贸易和金融及投资领域合作规模

针对双边贸易和金融合作我们提出以下建议：敦促国有银行利用本国货币提供双边贸易与合资信贷。增加货币互换（RUB/RMB）和信用互换规模，为双边贸易与合资提供融资。尝试研究国家金融市场间的互联互通。已经生效的协议按之前约定的形式继续执行，而新的协议应以使用国家货币为基础（除非双方愿意为之前条款中的意外变化支付罚款）。为此，通过如税收、金融标准、利率等特殊手段鼓励企业和银行使用共同货币是合理的。

有必要建立双边机制以缓冲两国市场的（贸易和金融）风险。这些机制可以基于两国大型国有银行的综合参与，形成特殊基金或是其他机制解决相关问题。可以使用以下工具：针对此类交易的保险、对冲机制，以人民币和卢布进行远期合约的实际定价等。

针对“绿色”金融合作，我们提出以下建议：建立中俄“绿色”金融发展工作组，负责相关方面的监督和决策。同时，分享“绿色”金融经验，2015 年，中国决定内部“绿色”项目应按以下比例出资：10%—15%来自政府预算，85%—90%来自其他资金。另外，协调国家立法，以助力“绿色”金融发展。

针对投资合作，我们建议增加双方投资比重，建立投资基金体系。以国家货币提供直接投资和贷款投资。该系统可由区域发展基金、直接投资基金、风险投资基金、工业发展基金组成。两国中央银行有义务为该系统筹集资金。

有必要提高两国机构间的（包括受制裁的银行和公司）股票和债券配置水平，支持公司和银行通过中国在俄罗斯发行债券以及募集到的以人民币为计价资产的相关汇款和提款业务。

除了建议将清算货币从美元过渡到两国货币和建立特定金融机构外，我们提议创建并引进国际数字货币，用于俄罗斯和中国经济代理方之间的跨境支付，同时也方便其他国家参与“一带一路”倡议和“欧亚经济联盟”合作。数字货币发行可由专门为此目的设立的国际清算和结算中心（ICSC）组织负责。ICSC 将确保数字货币和两国法定货币以与上海证券交易所金价挂钩的固定比率相兑换。数字货币转换可公开进行，并使用与“区块链”（或在俄罗斯开发的“Master chain”）类似的分布式账本技术。建议将这些机制作为海参崴自由港管辖范围内的一项制度试验。我们还建议对现有金融技术产生的外部数字风险 / 冲击的中和机制进行阐述；提高货币政策作用机制的效率，使其能够在新的数字金融领域有效共存。

（三）中俄两国应继续为“欧亚经济联盟”与“一带一路”倡议培育增量

近年来，“欧亚经济联盟”与“一带一路”倡议对接顶层设计不断出台，部分项目如“亚马尔 LNG 项目”等建设顺利开展，但是具体项目和成果仍十分有限，尤其是欧亚区域基础设施建设项目仍缺乏。另外，俄罗斯境外投资存量巨大，但目前对中国和“欧亚经济联盟”与“一带一路”倡议对接项目的投资占比相对较小，未来空间和增量巨大。

针对这一情况，在尽快落实两大战略对接项目的同时，我们建议继续为两大倡议对接培育增量，如，两国共同在欧亚地区探索更多的基础设施建设项目，并吸引更多的投资资金；再如，未来中俄两国也可以在“冰上丝绸之路”支点港口建设中发力。

同时，针对基础设施建设，我们建议涉及双方边界的运输通道建设可协商推进。同时，在金融支持方面，通过在中国和“欧亚经济联盟”市场投放债券，以及通过亚洲基础设施投资银行（AIIB）、丝绸之路基金（SRF）、金砖国家新开发银行（NDB）、欧亚开发银行（EDB）投资等方式提供融资。

（四）中俄两国应深化科技合作，推动“智力”合作

在能源领域保持传统优势的同时，还应该积极深化中俄两国在其他领域例如高科技领域的合作。我们建议，两国可以建立合资企业网络，充分发挥现有科学、技术和生产力的优势。例如，中俄两国建立联合飞机公司，设立联合飞机投资基金，为两国飞机生产融资提供贷款。

同时，可建立战略科学伙伴关系中心（以下简称“中心”），为“二十国集团峰会”“金砖国家”“上海合作组织”等提供可行的研究项目和联合工作所需的智力支持，促使中心与国家科研机构合作，为两国科研领域合作提供机遇。

（五）中俄两国应继续挖掘电商合作新潜力，落实地方合作新亮点

近年来，中俄电商合作也取得了仅次于能源合作的重大进展。但是，电子商务合作的潜力尚有待开发，例如，当前中俄农工业合作规模小，这一领域可以作为未来中俄电商合作的发力点之一，通过电子商务平台，为更多的俄罗斯企业开拓中国市场提供可能。

在开发电商合作潜力中，需要指出的是，中俄农业合作落后的

一个重要原因是俄罗斯的供应量达不到中国的需求，以大豆为例，2018 年中国大豆净进口为 8803 万吨，俄罗斯大豆产量为 387 万吨，不足中国进口量的零头。所以，中俄农业合作发展落后的原因主要是俄罗斯没有开发好中国市场。针对这一问题，我们建议举办相关主题的企业论坛，为中俄农业等轻工业企业之间合作提供机会。同时，也可以利用中国的人口优势和俄罗斯的土地优势，充分开发俄罗斯的农业种植潜力，当然，这需要中俄之间高水平的政治互信。

除了电子商务外，近年来，两国在地方对接合作中取得了重大进展。针对这一情况，我们建议未来继续加大地区、城市之间的对接合作，办好 2018 年和 2019 年即将举办的中俄地方合作交流年，充分挖掘务实合作点，为中俄合作提供增量。例如，俄罗斯滨海边疆区和中国东北三省的农业合作。

（六）中俄两国应积极开展智库和民间“双驱动”交流

针对俄罗斯存在的一些亲西方人士以及中国部分精英和决策执行层对俄罗斯了解不足的情况，我们建议充分利用两国智库平台，有针对性地展开交流和对话。此外，民间交流也至关重要。“国之交在于民相亲，民相亲在于心相通。”[①] 当前虽然中俄互

① 《习近平谈治国理政》第二卷，外文出版社 2017 年版，第 510 页。

信程度非常高，但是普通民众之间的了解在一些地方严重落后，甚至俄罗斯一些高校老师对中国的认知还停留在20世纪90年代，一些中国人对俄罗斯的认知也局限在“战斗民族”等狭隘的概念中。因此，两国需要进一步深化民间交流，办好“中国年”“俄罗斯年”“旅游年”“语言年”“青年友好交流年”等一系列交流活动，增强普通民众之间的互信。

第五篇

近年俄罗斯对华认知心态的新变化及其前景展望

国际关系中，相对客观的认知可以促进国家间关系的良性发展，反之，错误的认知会影响到国家间关系，甚至导致国家之间的冲突或战争。因此，研究俄罗斯对华认知新变化，有助于把握中俄关系的发展态势及其走向。就如俄罗斯学者卢金（A.B.Лукин）所言，“相互认知在一个具有长久和复杂历史关系的双边关系中发挥着尤其重要作用，中俄两国毫无疑问就属于这种范畴”①。

虽然目前国内学界关于俄罗斯对华认知的研究成果已经不少，且涉及不同时期、不同领域、不同层面，② 对理解现状有不少帮助，但其中的若干研究，有的停留在事实描述层面，有的限于对俄罗斯人文作品中的中国题材或中国情节的分析，研究视角相对单薄，需要进一步丰富、充实。对此，笔者试图通过近年对俄罗斯数次的实地调研经历，包括拜访近百位俄罗斯官员、汉学家、智库学者、在俄华商、久居莫斯科的外国人，与其深入交流有关对华最新认知变化，并以此来分析当前俄罗斯对华心态的变化趋势和具体体现，以及未来走向。

---

① Alexander Lukin,“The Image of China in Russian Border Regions”, *Asian Survey*, Vol. 38, No. 9, 1998, pp. 821–835.

② 刘亚丁：《俄罗斯的中国想像：深层结构与阶段转喻》，《厦门大学学报》2006 年第 6 期；孙芳、陈金鹏等：《俄罗斯的中国形象》，人民出版社 2010 年版，第 1 页；王树福：《俄罗斯文学的东方幻象：佩列文小说中的中国形象》，《外国文学动态》2013 年第 3 期；魏梦莹：《21 世纪前俄罗斯文化视野下的中国形象》，《安徽文学》2016 年第 7 期。

一、多样化是当代俄罗斯对华认知的主要特征*

中俄两国关系持续发展的历程深刻影响着两国及其民众的相互认知。我们稍微回顾历史就可以感知俄罗斯对华这种认知的变化。20 世纪末期，中俄虽然致力于改善两国关系，但是西化的俄罗斯执政精英对华认知并不充分，包括对中国的市场潜力和制度优势的认识不足。时任俄罗斯代总理盖达尔（E.T.Гайдар）公

---

* 本报告作者王文系中国人民大学重阳金融研究院执行院长、丝路学院副院长、国务院参事室金融研究中心研究员；张婷婷系中国人民大学重阳金融研究院助理研究员。系列成果发表于：王文、张婷婷：《俄罗斯对华认知的新变化及前景展望》，《俄罗斯研究》2019 年第 2 期；王文、张婷婷：《俄罗斯对华认知发生更多积极变化》，《参考消息》2019 年 6 月 4 日；王文：《俄罗斯悄然“偷师”中国》，《环球时报》2018 年 4 月 11 日；感谢冯绍雷、万青松以及匿名审稿等学者对论文初稿提出的建议。该文也收录到“人大重阳研究报告第 60 期”，题为《“偷师”中国？近年俄罗斯对华认知心态的新变化及其前景》，于 2019 年 11 月 11 日发布。

开预言，中国在近期不会成为一个稳定、繁荣的市场经济国家。①这一时期，俄罗斯更多的是官方与中国保持一定的接触，但双方精英与民众之间的相互交往水平有限，理性认知也处于刚刚形成的初期阶段。根据俄罗斯科学院社会学研究所的调查数据，20 世纪 80 年代末和 90 年代初，在俄罗斯向西方“一边倒”的背景下，俄罗斯民众对中国的好感度仅为约 20%，之后才慢慢发生新的变化，但整体而言对华好感度并不高。②

21 世纪初普京刚刚执政之时，也并没有马上改变对中国的传统认知，而是经过一段时期的观察和思考，对华接近的这一趋向才明显加强。与此同时，随着互联网时代大众舆论的普及，俄罗斯民众也开始更多地参与到本国对华认知的重新塑造过程中。同样，根据俄罗斯科学院社会学研究所的调查数据，多数俄罗斯民众对华好感度的平均值呈上升态势，从 42%上升到 55%，总体上保持积极向好趋势（见表 5–1）。③而在俄罗斯老资格社会学家戈尔什科夫领导之下，该所研究团队的民调成果则进一步勾画出俄民意近二十年来变化的趋势。

① Е.Т. Гайдар,“Россия XXI века: Не мировой жандарм, а форпост демократии в Евразии”, Известия,18 мая 1995 года, http://gaidar-arc.ru/file/bulletin-1/DEFAULT/org.stretto.plugins.bulletin.core.Article/file/3518.

② Российское общество и вызовы времени.Книга первая, под ред. Горшкова М.К., Петухова В.В.М.: Издательство «Весь Мир», 2015, С. 312–313.

③ Российское общество и вызовы времени.Книга первая, С. 304–305.

表 5–1　俄罗斯人对中国的认知（1995—2014 年）

（单位：%）

年份	1995	2001	2002	2007	2008	2009	2011	2014
积极看法	41	39	43	45	59	55	43	64
消极看法	21	21	31	32	19	31	29	14
很难回答	38	40	26	23	22	14	28	22

注：保留小数点前 1 位。

总体而言，目前俄罗斯对华认知呈现出较为积极而多样化特征，具体体现在不同方面：

（一）认知群体

俄罗斯国内对华认知主要群体，大体上可以划分为知华型、本土型和亲西方型三类。第一类群体认为，俄罗斯应该将中国视为战略同盟国，以平衡西方对俄罗斯施加的战略影响，中国的经济改革与发展经验也应该成为俄罗斯实现现代化的参考对象；第二类群体认为，俄罗斯既要保持与中国的适当关系，也要跟包括美国在内的西方国家之间保持密切往来，尤其是在不同的世界权力中心之间保持均势；除此之外，还是有一小部分舆论，将中国视为地缘政治对手，并担心中国实力强大之后会重启领土争端，倾向于将中国视为潜在威胁，同时警惕俄罗斯沦为中国的“小兄弟”，要求俄罗斯与西方国家建立盟友关系，①“向西方靠拢”是这类群体的主流声音。②需要指出的是，上述划分仅是相对而言，并非绝对意义上的定论，俄罗斯对华认知群体的立场区分和各自偏好处于变动状态。在不同外部环境和各自主观意志驱动下，特别是随着俄罗斯与西方关系的不断恶化，甚至冲突、对抗的情况下，三种类型的群体的对华认知倾向明显会出现调整。比如，来自左翼的重量级代表人物——俄罗斯科学院院士，曾在 20 世纪

① Alexander Lukin, “Russia’s Image of China and Russian-Chinese Relations”, *East Asia: An International Quarterly*, Vol.17, No.1, 1999, pp. 5–39; Anastasia Solomentseva, “The ‘Rise’ of China in the Eyes of Russia: A Source of Threats or New Opportunities?”, *Connections*,Vol. 14, No. 1, 2014, pp. 3–40; Vladimir Shlapentokh, “China in the Russian mind today: Ambivalence and defeatism”, *Europe-Asia Studies*, Vol. 59, No. 1, 2007, pp.1–21; Elizabeth Wishnick, “In Search of the ‘Other’ in Asia: Russia–China Relations Revisited”, *The Pacific Review*, Vol.30, No.1, 2017, pp. 114–132; Н.В.Тен, “ОбразРоссиивсовременномКитае”, сентября 2012г., http://cheloveknauka.com/obraz-rossii-v-sovremennom-kitae.

② Paradorn Rangsimaporn, “Russian Elite Perceptions of the Russo-Chinese ‘Strategic Partnership’ (1996–2001)”, *Slovo* (*London, England*) ,Vol. 18 Iss. 2, 2006, pp.129–145; ПочемуроссийскиеэлитынехотятсближениясКитаем? http://www.profi-forex.org/novosti-rossii/entry1008254074.html ; Россияиевропейскийсоюз:тривопросаоновыхпринципахотношений, Москва, http://ru.valdaiclub.com/files/12218/; КонцепцияВнешнейПолитикиРоссийскойФедерации, http://legalacts.ru/doc/ukaz-prezidenta-rf-ot-30112016-n-640-ob-utverzhdenii/；马风书：《欧盟与俄罗斯关系探析》，《欧洲研究》2001 年第 1 期；张晓阳、杨大伟：《浅谈欧盟与俄罗斯关系的发展》，《东欧中亚研究》1996 年第 6 期；崔剑：《叶利钦时代的中俄经贸关系论略》，《甘肃社会科学》2002 年第 6 期；罗英杰：《俄罗斯与欧盟的经济关系》，《外交评论》2005 年第 4 期；邢广程：《俄罗斯的欧洲情结和西进战略》，《欧洲研究》2011 年第 5 期。

90 年代担任俄对外经济联络部部长，现任俄罗斯总统经济顾问的格拉济耶夫（Сергей Глазьев），积极主张对华开展深层次合作，提出中俄需要走向深层次的合作伙伴关系，比如建立大型合资企业，开启长期投资项目，开展基础设施建设合作，共建研发中心，尤其是航空航天和富有高附加值的加工行业的研发中心等。① 也有原来对西方比较了解的资深学者、俄罗斯对外政策和国防政策委员会主席团名誉主席卡拉加诺夫（Сергей Караганов）等一批精英，他们同样身体力行，努力参与和中国同行的合作，提出了很多相当有远见的与中国开展紧密战略合作的积极立场。② 值得注意的是，被认为是俄罗斯有影响力的自由派倾向学者，但早在 2003 年至 2011 年担任俄罗斯知名期刊《自由思想》(«Свободная мысль»）主编时期就曾通过华东师范大学俄罗斯研究中心向中国宏观经济、财政、外贸、基础设施建设、企业制度、政治改革、社会政策等诸领域的知名学者约稿 12 份，每期一篇分门别类刊出介绍中国改革成长的经验与问题，大力推动中俄相互认知，在俄罗斯各界引起了广泛的反响。

---

① 《环球时报专访俄总统经济顾问谢尔盖 · 格拉济耶夫：要让民众对中俄合作感觉更舒服》，2018 年 7 月 24 日，见 http://world.huanqiu.com/exclusive/2018–07/12559875. html。

② Владислав Иноземцев о том, почему Дальний Восток нужно «отдать» азиатской экономике, Газета. Ru, 05.05.2015, https://www.gazeta.ru/column/vladislav_inozemcev/6661477. shtml.

（二）认知方式

深层次学术研究、民调和传播交往的多样性也促使俄罗斯对华认知走向成熟。首先，从学术研究角度看，如何认识20世纪晚期以来中俄两国的经济转型的路径和结果是俄罗斯精英与民众客观认知中国的一个重要前提与动因。曾经有过在多国工作经验、并任联合国专家的俄罗斯经济学家波波夫所发表的《荣衰互鉴：中国、俄罗斯以及西方的经济史》一书，系统地提出，中国经济的加速增长与俄罗斯经济的“转型性衰退”上的大分岔在于：1. 79年改革得益于经济自由化与强大国家“制度能力”的结合；2. 强大国家制度、有效且有为的政府，完善的基础设施和人力资本的增加；3. 有别于“休克疗法”的渐进性改革；4. 坚持集体主义制度，抑制较低收入和财富不平等。波波夫强调，俄罗斯之所以在其市场化改革之后出现“转型性停滞”，其主要原因在于国家制度能力下降，并强调这要对俄罗斯与独联体经济不景气负主要责任。[①] 这一类对于社会经济转型问题的新的认识立场，深刻影响了俄罗斯的民意变化。其次，通过多种民调机构的研究搜集，发表了不少反映俄罗斯民意的舆论报告，如根据2018年5月25日俄罗斯社会舆论研

① ［俄］弗拉基米尔·波波夫：《荣衰互鉴：中国、俄罗斯以及西方的经济史》，孙梁译，格致出版社2018年版，第5页。（原文参见 Vladimir Popov, *Mixed Fortunes: An Economic History of China, Russia, and the West*, Oxford: Oxford University Press, 2014）波波夫曾在俄罗斯权威的瓦尔代论坛上做主题发言，可视为俄罗斯学术和传媒领域的主流见解。

究所的报告，显示33%的俄民众认为，中国是自己国家最为重要和最值得珍视的伙伴，近一半俄居民认为，与中国合作，对当前俄罗斯最为重要。2018年5月，列瓦达中心对俄罗斯1600名18岁以上的公民进行民意调查，在回答“五个与俄罗斯比较亲近的朋友或者盟国”时，中国得票率达到40%，仅次于白俄罗斯（49%）。而在该机构2013年的同一调查中，仅有20%的受访者选择中国，2014年以后选择中国的比例大幅度上升。俄罗斯知名汉学家马斯洛夫对此评论认为，总体而言，毫无疑问，普通俄罗斯人对中国的态度保持着积的趋势。① 最后，从媒体传播角度看，媒体对话认知也逐渐趋于成熟。这既与俄罗斯国内媒体政策变化及其发展态势相关，也与媒体涉华报道增多有密切联系。如2002年11月，俄罗斯通过《俄罗斯联邦大众传媒法》修正案，要求大众传媒进行自我约束，各联邦频道主管们每周应召克里姆林宫，听取当局的指示，大众传媒需要和国家主流价值观保持一致。② 当前70%的俄罗斯电视媒体、80%的地方媒体和20%的全国报刊是国家所有，③ 这有助于俄罗斯主流媒体在对华报道上，大体上与官方较为一致，基本上以正面为主，如在《塔斯社》、《生意人报》、《今日俄罗斯》

① Россияне все более позитивно воспринимают Китай на фоне укрепления двустороннего сотрудничества, 25.05.2018, http://mixednews.ru/archives/133638.

② 靳会新：《大众传媒在俄罗斯政治生活中的作用》，《俄罗斯东欧中亚研究》2013年第6期。

③ 杨希：《俄罗斯大众传媒发展研究》，《新闻传播》2018年第11期。

和《论据与事实》等俄罗斯民众日常关注较多的媒体涉华报道中，不仅把中国视为一个快速发展的经济大国，而且也是俄罗斯的好伙伴。2018 年 12 月 17 日，在中国召开改革开放 40 周年纪念大会前夕，俄罗斯知名的报纸《生意人报》刊发专题文章，对中国 40 年的改革开放和成绩进行了详细报道，指出改革开放使中国从一个落后的第三世界国家变成当今世界第二大经济大国，给世界其他国家的发展作出了榜样。该报还认为中国改革开放之所以取得如此巨大的成绩，主要原因在于中国领导人遵循 9 条基本原则：1. 依靠实践，而非意识形态；2. 敢于承认错误，并采取补救举措；3. 维护国家主要的象征符号，同时赋予其新内涵；4. 鼓励试验，减轻犯错的代价；5. 承认薄弱地方，有针对性地强化；6. 培养新生代精英，安顿好老一辈的生活；7. 向所有国家和人民学习，包括曾经的敌人；8. 依靠专家治理国家；9. 外交为本国经济服务。该报最后认为，这些原则具有自身的价值意义，它们也适用于其他国家的发展。① 当然，上述趋势并不意味着俄媒体的对华报道都是正面的，也存在一些比较接近于西方立场的媒体，对华立场较为偏颇。

（三）地域分布

俄罗斯对华认知呈现出地域差别。莫斯科和圣彼得堡是俄

---

① Михаил Коростиков. Пример лучших правил. 40 лет «политике реформ и открытости» КНР, Коммерсантъ, 17.12.2018, https://www.kommersant.ru/doc/3829217.

罗斯的政治经济文化中心和国际化大都市，这些地区的民众比较容易在一个信息比较丰富的环境中，感受到中国日益增强的影响力和国际地位，他们的对华认知要相对视野开阔和活跃一些。而与莫斯科、圣彼得堡相比，俄罗斯其他地区的民众受到自身环境限制，对华认知滞后于现实。特别是在西伯利亚和较为封闭的小城市、小村镇，有不少人还停留在昔日的经验上，甚至还可能出现“认知缺失”。2014 年乌克兰危机之后，受到俄罗斯领导人大力推动“转向东方”政策影响，中俄在远东开发中的互动频度和密度有了质的提升，在此背景下，远东地区持对华友好态度的民众数量逐渐增加。特别是，与中国毗邻的远东沿边地区居民与中国来往较为频繁，可以直观感受中国社会经济的快速、平稳发展，其对华认知更加客观。根据 2017 年上半年俄罗斯科学院远东分院历史考古民族研究所在远东地区的民调数据显示，64%的远东居民认为，俄罗斯与中国的关系较好，26%的居民对中俄关系表示满意，仅有 1%的居民认为，两国关系不好。这一比例不仅显著高于韩国（对俄韩关系较好的评价仅有 25%）、日本（对俄日关系较好的评价仅有 18%）、美国（对俄美关系较好的评价仅有 2%）。① 即便如此，在远东地区也还存在一些问题，阻碍着中俄相互认知的理性化水平的提升，包括担忧中国威胁远东领土

① В.Л. Ларин, Л.Л. Ларина. Китай в общественном мнении жителей Тихоокеанской России（по итогам опроса 2017 г.）//Россия и АТР, № 2 2018.

完整的声音仍然有一定市场。①

① Ferdinand, “Sunset, Sunrise: China and Russia Construct a New Relationship”, International Affairs (Royal Institute of International Affair), Vol. 83, No.5, 2007, pp. 841–867; Won Bae Kim, “Sino-Russian Relations and Chinese Workers in the Russian Far East: A Porous Border”, Asian Survey, Vol. 34, No. 12, 1994, pp. 1064–1076; Evgenii Verlin and Vladislav Inozemtsev, “Russia-China”, Russian Politics and Law, Vol.49, No.6, 2011, pp. 54–73; Tom Røseth, “Russia’s energy relations with China: passing the strategic threshold?” , Eurasian Geography and Economics, Vol. 58, Iss. 1, 2017, pp. 23–55; Elizabeth Wishnick, “Prospects for the Sino-Russian Parternship: Views From Moscow and the Russian Far East” ,The Journal of East Asian Affairs, Vol. 12, No. 2, 1998, pp. 418–451; Bobo Lo, “A Fine Balance: The Strange Case of Sino-Russian Relations” , Research Programme Russia/CIS, Institut Français des Relations Internationales, 2005, pp.3–11; Christina Yeung and Nebojsa Bjelakovic, “The Sino-Russian Strategic Partnership: Views from Beijing and Moscow”, The Journal of Slavic Military Studies, Vol. 23, Iss. 2, 2010, pp. 243–281; Geir Flikke, “Sino–Russian Relations Status Exchange or Imbalanced Relationship?” , Problems of Post-Communism, Vol. 63, No. 3, 2016, pp.159–170; A.K. Mohanty, “A Russian Understanding of China’s SCO Policy”, China Report, Vol. 43, Iss. 2, 2007, pp. 245–257; Viktor Dyatlov, Chinese Migrants and Anti-Chinese Sentiments in Russian Society, Frontier Encounters: Knowledge and Practice at the Russian, Chinese and Mongolian Border, 2012, Open Book Publishers, pp. 71–88; Paradorn Rangsimaporn, “Russian Elite Perceptions of the Russo-Chinese‘Strategic Partnership’ (1996–2001)”, Slovo (London, England) , Vol. 18 Iss. 2, 2006, pp.129–145; Vladimir Shlapentokh, “China in the Russian mind today: Ambivalence and defeatism” , Europe-Asia Studies, Vol. 59, No. 1, 2007, pp.1–21; Andrew Kuchins, “Russian Perspectives on China: Strategic Ambivalence”, in James Bellacqua, eds., The Future of China-Russia Relations, University Press of Kentucky, 2010, pp. 33–55; Elizabeth Wishnick, “Russia and China” , Asian Survey, Vol. 41, No. 5 (September/October 2001), pp. 797–821; Geir Flikke, “Sino–Russian Relations Status Exchange or Imbalanced Relationship?” , Problems of Post-Communism, Vol. 63, No. 3, 2016, pp.159–170.

二、近年俄罗斯对华心态的积极转变及其具体体现

虽然，当代俄罗斯对华主流认知是多样化的，但笔者通过调研发现，近年来越来越多的俄罗斯人意识到中国的重要性，甚至出现希望参考或借鉴中国发展经验的声音。这一变化主要体现在他们开始越来越多地关注中国在政治、经济、金融等领域的治理经验和新动向。

（一）对中国政治治理经验的关注

1. 关注中国发展经验

2008 年爆发的国际金融危机促使俄罗斯政治精英越来越趋

于反思西方模式[①]，到2014年克里米亚危机后，俄罗斯加速推进“转向东方”战略，强化与中国的战略伙伴关系，这也使得俄方更多地关注中国的发展经验。这可以从俄罗斯领导人和社会各界精英在不同场合的讲话或者对外表述中了解到。

在政界，普京总统在近年瓦尔代国际辩论俱乐部年会等多个重要场合，表达过对中国提出的全球发展倡议的积极看法。[②]如2018年5月31日，俄罗斯总统普京接受中国中央广播电视总台台长慎海雄专访时就表示，习近平主席提出的“一带一路”倡议是一个有益、重要且有前景的倡议，且更具全球性。俄罗斯一直是中国“一带一路”倡议的坚定支持者，并补充说，如果中俄共同努力，该倡议与“一带一路”倡议将产生更好的结果。[③]同年10月，在第十五届瓦尔代国际辩论俱乐部年会上，普京总统再次指出，“一带一路”倡议的现实紧迫性不但没有变小，反而获得更多响应。[④]普京总统还多次邀请中国的知名企业家——阿里巴巴集团主席马云参加瓦尔代国际辩论俱乐部

① 2014年4月10日，俄罗斯国家杜马5名议员甚至致函俄罗斯联邦总检察长，要求追究戈尔巴乔夫西化改革致使苏联解体的责任。参见 Депутаты Госдумы требуют судить Горбачева за развал СССР,апреля 2014г., https://russian.rt.com/inotv/2014–04–10/Deputati-Gosdumi-trebuyut-sudit-Gorbacheva。

② 王文：《感受俄罗斯悄然“偷师”中国》，《环球时报》2018年4月11日。

③ 《俄罗斯总统普京接受中央广播电视总台台长专访》，2018年6月7日，见 http://www.xinhuanet.com/2018–06/07/c_1122948379. htm。

④ 《外交部发言人表示 赞赏俄对“一带一路”支持和参与》，《人民日报（海外版）》2018年10月20日。

会议或者俄罗斯主要的经济论坛（圣彼得堡国际经济论坛或多方经济论坛），并与其进行多次会面，听取中国在推动电子商务与经济发展方面的经验。2017 年 10 月，俄罗斯外长拉夫罗夫（С.В.Лавров）在瓦尔代俱乐部年会的演讲中也指出："俄方视'一带一路'为重大发展机遇，该倡议有助于俄方更好地了解中国发展经验。"莫斯科市长索比亚宁（С.С.Собянин）也主张参考中国发展经验，包括引进中国的支付宝系统，邀请中国企业参加莫斯科地铁项目建设。此外，莫斯科州政府也关注中国的治理经验，2018 年 10 月，该州专门邀请中国专家赴莫斯科介绍中国工业的发展经验。

在知识界，笔者在莫斯科访谈的知名汉学家塔夫罗夫斯基（Ю.В. Тавровский）就提到："近年来，很多俄罗斯专家学者开始关注和研究中国模式，俄国内成立了智库团队，向媒体、公众和政府介绍中国模式值得借鉴的优点，以期通过研究中国发展经验来为俄罗斯的复兴提供参考。"俄罗斯科学院远东研究所专家拉林（А. Г. Ларин）也明确谈道："俄罗斯想要实现复兴，是时候参考中国经验了。"俄罗斯科学院哲学研究所研究员、多年来积极推动中俄合体的老资格汉学家布罗夫（В.Г.Бров）也指出："中国领导人选择了正确道路，空前强大起来。"[①] 此外，伊兹博尔斯克俱乐部副主席纳戈尔内（А. А.Нагорный）也表示，俄罗斯应该

① [俄]布罗夫：《一个俄罗斯学者眼中的中国》，李蓉译，黑龙江人民出版社 2004 年版，第 4—5 页。

借鉴中国的发展经验。早前他在接受采访时也谈道："俄罗斯面临选择：是向美国投降，还是向中国学习？我们应该果断地抛弃自由主义意识形态。"①

在舆论界，近年俄罗斯三大民调机构——全俄社会舆论研究中心、列瓦达中心以及"舆论"基金会的民调，也在一定程度上体现出俄罗斯民众对华心态的积极变化。②2017 年 11 月，有俄罗斯官方背景的全俄社会舆论研究中心的民调数据显示，有近 50%的俄罗斯民众认为，中国是俄罗斯的主要经济伙伴。俄罗斯老百姓越来越多地夸赞中国的经济发展。③ 而 2018 年 5 月，另外一家知名机构——列瓦达中心，对俄罗斯 52 个联邦主体的 136 个居民区的民调显示，有 40%的俄罗斯民众认为，中国是俄罗斯最好的朋友或盟友。④ 此外，俄罗斯民间智库——"舆论"基金会，2018 年 7 月在全俄 53 个联邦主体的 104 个居民区的最新民调显示，62%的俄罗斯民众认为中国是一个友好国家。有 45%的民众认为，过去一年两国关系进一步发展。68%的民众认

① Александр Нагорный,Россия перед выбором: сдаться Америке или учиться у Китая,апреля 2017г., https://cont.ws/@oskar/910417.

② О России и странах мира,Июля 2017г., http://fom.ru/Mir/13624, 24.

③ Эксклюзив: Граждане РФ видят в Китае экономического партнера—эксперт ВЦИОМ, Синьхуа, 24 ноября 2017, http://russian.news.cn/2017-11/25/c_136777658.htm.

④ "ДРУЗЬЯ" И "ВРАГИ" РОССИИ, Левада-Центр, 14.06.2018, http://www.levada.ru/2018/06/14/druzya-i-vragi-rossii-3/.

为，中国的发展比俄罗斯更加成功。①

2. 关注中国反腐经验

腐败一直是俄罗斯社会发展顽疾，普京多次开展较有规模的反腐运动，包括颁布一系列相关法律，有一定的成效，但仍有待继续，国际舆论中的俄罗斯反腐形象依然面临挑战。近两年中国开展的反腐运动，俄罗斯开始把目光投到邻国——中国的反腐经验上。俄罗斯金砖国家研究委员会执行主席托洛拉亚（Г.Д.Толорая）认为，中国用法治手段惩治腐败值得俄罗斯借鉴，特别是“依法治国”对很多为一己私利贪污腐化的地方官员构成重大约束。此外，早在 2015 年，俄罗斯共产党国家杜马党团成员、国家杜马金融市场委员会第一副主席库明（В.В.Кумин）在接受《人民日报》采访时也认为，中国反腐领域的经验非常值得借鉴，两国有着广阔的合作前景。② 此外，据统计，2012—2016 年期间，俄罗斯周报《论据与事实》涉华的 166 篇报道中，有 31 篇是与反腐主题相关，占据涉华报道总量的 18.6%。③ 近两年，普京

① России важно укреплять отношения и с Западом, и с Китаем—опрос, REGNUM, 12 июля 2018, https://regnum.ru/news/2446896.html.

② 《惩治腐败，中国经验值得借鉴》，2018 年 10 月 22 日，见 http://world.people.com.cn/n/2015/0108/c1002–26345468. html。

③ 胡帆：《“一带一路”框架下中俄交往过程中中国国家形象的建设》，《文化创新比较研究》2017 年第 11 期。

总统也明显加大了反腐力度，指出："没有碰不得的人，没有碰不得的领域"①。这与中国的"老虎苍蝇一起打"、"壮士断腕"的反腐思想不谋而合。与此同时，需要指出的是，俄罗斯欣赏中国的反腐败经验的同时，在具体操作层面上注重其反腐制度与本国的政治制度构建相匹配，比如，每年要求各级领导人定期公布财产等。

3. 关注中国的网络治理方式

近几年来，以网络为工具教唆青少年自杀的事件频发，网络引发的犯罪活动已经成为俄罗斯社会面临的严重问题。对此，普京总统顾问克里缅科（Г.С. Клименко）建议，在互联网管理方面参考中国同行的经验，他指出："按照中国模式限制俄罗斯网络是确保国家安全的唯一方法。"②2017 年 4 月，普京总统指出："不要再批评中国的网络监管了，网络自由哪里都没有。"③参照中国网络治理思路的同时，俄罗斯逐渐加强对网络进行适当监管。

---

① Заседание Совета по противодействию коррупции,января 2016г., http://www.kremlin.ru/events/president/news/51207.

② Советник президента Герман Клименко высказался за ограничение рунета по китайской модели, января 2017г., https://geektimes.com/post/285190/.

③ Путин: не надо критиковать китайскую модель, свободы в интернете нет нигде,апреля 2014г., https://meduza.io/news/2017/04/03/putin-ne-nado-kritiko-vat-kitayskuyu-model-svobody-v-internete-net-nigde.

（二）持续强化对中国经济发展经验的关注

1. 学界对中国经济发展模式的研究兴趣正在扩展

不少俄罗斯经济学专家认为，中国的经济发展成就得益于找到正确的发展方式，但中国方式不是简单的自由化和对外开放，而是在鼓励、支持和引导非公有制经济发展、促进经济现代化方面和加强有效治理相互关联的经验值得借鉴。如，俄罗斯科学院世界经济与国际关系研究所专家萨利茨基（А. И. Салицкий）认为："仅仅是经济自由化和对外经济领域的现代化不会使中国取得这样的经济成就。"① 俄罗斯托木斯克理工大学教授拉玛扎诺夫（Ж. Ш. Рамазанов）也指出："俄罗斯对中国模式中创造有利条件促进私有经济发展充满兴趣。"②此外，俄罗斯经济、治理与法律研究所的专家加里波娃（В. В. Гарипова）也撰文指出，中国经济发展模式呈现出的现代化特征。③ 汉学家塔夫罗夫斯基也认为："'一带一路'

---

① А.И. Салицкий, "Китай универсальная модель модернизации", Мировая экономика и международные отношения, 2009. № 7. С .43–55.

② Ж.Ш. Рамазанов,"Социальная экономическая модель Китая и уроки для России", Известия Томского политехнического университета. Инжиниринг георесурсов, 2009. Т . 314. № 6. С .13–15.

③ В.В.Гарипова, "Экономическая модель Китая современные особенности",Экономика и социум, 2014, № 1–3 (10)， С .156–159.

倡议已引起全球广泛关注，中国不仅是该理念的首倡者，更是有责任、有担当的实践者。”① 而早在20世纪90年代，俄罗斯科学院院士西莫尼亚（Н. А. Симония）就指出：“中国经济改革的重要意义就是，在国家发展的过渡阶段使改革获得成功的保证是稳定、发展和改革，而俄罗斯则是以‘反向的’消极经验证明了这一点，最开始就破坏政治稳定，停止发展，最后改革不顺。” ②

2. 关注中国“经济特区”的建设经验

经济特区可以成为一个国家实现经济改革目标的试验场地。普京执政期间，曾于2005年签署并推动议会上下两院通过《俄联邦特区法》，推动本国经济特区建设，截止到2017年，俄罗斯已经设立有24个经济特区。

俄罗斯经济特区虽然种类较多，但是真正取得成功的还是在少数。而中国改革开放这么多年来，已经在这方面积累了不少成功经验，对俄罗斯有一定借鉴意义，包括吸引外资、税收优惠等方面。俄罗斯政府在符拉迪沃斯托克市设立自由贸易港，除利用远东港口历史发展经验之外，同时也吸取了中国等亚洲国家的

① [俄]尤里·塔夫罗夫斯基：《大国之翼：“一带一路”西行漫记》，尹永波译，中共中央党校出版社2017年版，第2—9页。

② Н. А. Симония,“Уроки китайских и южнокорейских реформ”,Свободная мысль, 1996, No 9, С. 33–34.

经验。[①] 如，当代俄罗斯自由派的代表性人物伊诺泽姆采夫(В. Л. Иноземцев）就指出，俄罗斯远东发展之所以一直无法取得“突破”的原因之一就是忽视世界经济行情变化，全球60%的生产值都是由海滨城市或距离海港较近的城市创造，中国就是这方面的最佳案例。他建议，俄罗斯当局推动远东发展的出发点应该是充分利用其作为沿岸领土的潜力，特别是与中国接壤的发展空间，在这方面，中国深圳经济特区的做法值得学习。俄罗斯在西西伯利亚和远东设立超前发展区，俄罗斯准备与中国在石油加工、石油天然气化工、机器制造、船舶制造、航空和飞机制造以及海洋生物资源等领域开展合作。

3. 注重中国企业的管理和发展经验

俄罗斯建有很多工业园区，如，以莫斯科和圣彼得堡为中心的化学和机械工业园区、以乌拉尔和新西伯利亚为中心的钢铁和机械重工业园区等。但是，随着时代发展，一批绿色、环保、智能、物流便利的高技术园区逐渐被建立起来，传统的工业园区已经无法满足时代发展需要。近年来，中国园区建设经验开始进入俄罗斯，如格林伍德商贸园区由中国诚通控股集团有限公司于2010年6月以3.5亿美元收购建立，毗邻莫斯科州政府，接壤莫

① A.O. 廖武什金娜等，李传勋译：《〈符拉迪沃斯托克自由港法〉：经验、问题、矛盾》，《俄罗斯学刊》2016年第5期。

斯科国际机场，拥有俄罗斯最大的国际展览中心。虽然俄方员工是中方的 7 倍，但是园区在人才管理、基础设施、网络化以及后勤建设方面都直接采用了中国园区经验，如表 5–2 所示。① 格林伍德商贸园区将中国工业园区管理经验和技术设备引进俄罗斯，提高了工作效率的同时，大量聘用本地员工，增加了本地就业和财政收入，得到了当地政府支持，开始融入到了当地经济发展中。

表 5–2　格林伍德商贸园区运营模式②

智能建设	人才建设	网络建设	后勤建设	文化建设
消防自动化系统；国内智能化综合仓储系统和物流系统。例如，现代化的装卸设备，自动调温系统等	直接运用诚通集团中国公司的管理制度：《员工招聘管理制度》、《员工入离职管理制度》、《档案管理制度》等	以中兴通讯云计算、物联网、运营支撑三大技术平台为基础，能够快速、方便地创建各类 SaaS 应用和物联网的应用。采用 B2B 商业模式	将中医保健引入园区，提供园区的后勤服务水平	举办中国音乐会

4. 借鉴中国电子商务经验打造俄版“阿里巴巴”

俄罗斯拥有较大规模的电商市场，据 2018 年 10 月俄电商企

① 韩雪梅：《在俄中国公司人力资源管理问题研究——以格林伍德有限责任公司为例》，首都经济贸易大学 2013 年硕士学位论文。

② GreenWoodБизнес-парк, http://www.greenwoodpark.ru.

业协会的预测，2019 年俄罗斯人当中将近 5000 亿卢布花在国外电子商城购物上，其中超过 50%消费额“流向”中国。据俄负责邮政物流的专家伊戈尔·切布宁（Игорь Чебунин）透露：2018 年前 9 个月比去年同期多出 25%的国际包裹，其中 94%来自中国。中俄之间日益壮大的电子商务发展不仅推动两国在该行业的现代化，也促使俄罗斯借鉴中国的经验。有俄罗斯企业家指出，虽然俄罗斯的物流公司已经足够多，且竞争相当激烈，但这个运营商的榜样无疑在竞争中发挥很大作用。① 对俄罗斯而言，虽然本国电子商务发展迅速，但是缺乏规模较大的综合性平台，一些中小商户选择在 VK、WhatsApp 等社交媒体上销售商品，但是缺乏信用保障，传播空间也十分有限。2010 年，俄罗斯引进中国阿里巴巴的全球速卖通 AliExpress，经过几年发展，目前已经成为俄罗斯两大重要电商平台之一。如果说几年前，俄罗斯人对待速卖通的态度还比较谨慎，且仅是尝试性地购买一些低价商品，那么现在速卖通成为俄罗斯人的日常购物平台。以 2017 年“双十一”为例，俄罗斯人在活动不到 5 分钟的时间里面，就通过速卖通平台购买了 1 亿卢布的商品。此外，据数据显示，约 40%的俄罗斯买家是年轻人。②

---

① Анастасия Башкатова. “Почту России” спасет Китай //Независимая газета, №233, 29октября 2018, С.4.

② MadeinChina, эволюция: как молодежь изменила восприятие китайских брендов. И почему увлечение молодых россиян смартфонами оказалось выгодно всем, 9 ноября 2018, Известия, https://iz.ru/810502/elena-poltavskaia/made-china-evoliutciia-kak-molodezh-izmenila-vospriiatie-kitaiskikh-brendov.

由此可见，电子商务正在提升俄罗斯人对中国产品的新认知。

阿里巴巴能够在俄罗斯获得成功，其原因在于：不仅对俄境内的物流、信息基础设施投资（阿里巴巴仅最近一年就投入25亿卢布发展俄物流和IT技术，并在莫斯科设立新的数据中心，拟投资3000万美元）①，还不断地创新基于本地特色的运营模式，以期得到俄罗斯人的认可。进军俄罗斯市场初期，AliExpress采取中国母公司的营销模式，通过与当地利用率最高的两大搜索引擎谷歌（Google）与Yandex合作，逐渐打开俄罗斯市场。如表5–3所示，在支付系统、产品服务、售后服务等方面，AliExpress都采取了中国母公司管理模式。但是，AliExpress也根据俄罗斯市场特点，实施了一些俄式运营模式，与当地的支付系统运营商、快递公司等进行合作。此外，AliExpress还与俄罗斯本土电商Wikimart、Technosila、220Volt进行合作，使后者集体入驻AliExpress。② 在2018年9月召开的第四届东方经济论坛期间，阿里巴巴集团与俄罗斯直接投资基金（RDIF）、MegaFon公司和Mail.Ru公司宣布建立战略伙伴关系，在此框架下将在俄罗斯和独联体成立电商领域

① MadeinChina, эволюция: как молодежь изменила восприятие китайских брендов. И почему увлечение молодых россиян смартфонами оказалось выгодно всем, 9 ноября 2018, Известия, https://iz.ru/810502/elena-poltavskaia/made-china-evoliutciia-kak-molodezh-izmenila-vospriiatie-kitaiskikh-brendov.

② 苏香兰：《阿里巴巴在俄罗斯的国际化战略研究》，对外经济贸易大学2013年硕士学位论文，第24页。

的大型合资企业。①

表 5–3 AliExpress 俄罗斯运营模式②

营销模式	支付系统	产品服务	物流系统	售后服务
俄版阿里巴巴也采用了中国母公司的营销方式，投入大量资金在Google与Yandex两大搜索引擎上推广	1. 采用国内支付方式，买方的货款不会马上付给卖方，而是先存在AliExpress，直到买家收到货物并确认货物的完整性 2. 与俄罗斯4大手机运营商合作，提供花费支付。 3. 与本土的支付公司QiwiWallet和Yandex money建立合作	1. 俄版的“天猫”商城“精品馆” 2. 未来计划引进中国版的“聚划算”针对俄罗斯低端用户 3. 采用中国母公司模式，利用俄罗斯一些重要节日营销	1.AliExpress与俄罗斯邮政实现了EDI系统对接；还搭建了国内多条中俄专线，特别推出在哈尔滨的中俄包机专线，这是世界上第一班“全货机”专门运输AliExpress包裹 2. 未来将会与俄罗斯市场的国际快递公司DPD、DHL、TNT、UPS、FedEX和本地快递公司Pony Expres合作	1. 采取国内7天无理由退货模式。 2. 为买家和卖家搭建沟通平台

虽然AliExpress将国内母公司的发展模式搬到了俄罗斯，但是本土化是其迅速占领当地市场的重要原因，通过与本地的支付

① 《马云预计与俄罗斯相关的项目将越做越大》，俄罗斯卫星通讯社，2018年9月28日，见 http://sputniknews.cn/economics/201809111026324176/。

② AliExpres，https://ru.aliexpress.com/?spm=2114.11010108.1000001.16.78fb649bzfQue8；苏香兰：《阿里巴巴在俄罗斯的国际化战略研究》，对外经济贸易大学2013年硕士学位论文，第23—31页。

公司、物流公司以及电商进行合作，AliExpress 迅速融入到俄罗斯经济体系中，为俄罗斯用户带来方便的同时，也将自身的发展前景与俄罗斯的经济发展网络捆绑在一起，容易得到俄罗斯本土经济力量的支持。目前，中国在一些地区或领域的投资并非到处畅通，这里有着值得多方关注的地理、人文及政治经济的复杂原因。因此，阿里巴巴集团利用当地力量开发市场的模式为赴俄投资企业，提供了一定的借鉴。

（三）重视中国的金融发展走向

1. 经济圈精英开始注意到中国金融体系的优长

中国推动经济现代化取得的巨大成绩，促使一些俄罗斯经济圈精英看到中国发展方式的独特性和影响力，主张参考中国经验。如，格拉济耶夫就指出，中国发展经验有三方面值得俄罗斯参考："一是中国摒弃西式民主，更注重国家治理能力的现代化和管理的有效性；二是中国通过制定'五年规划'，采取政府调控与市场协调相结合的方式，实现了资源配置的最优化，从而保证了宏观经济稳定与社会公平正义，建立起全球最为完备的产业链体系；三是中国建立了一套在中央银行宏观调控下，政策性金融与商业性金融分离、以国有商业银行为主体的多种金融机构并存的金融机构体系，这套体系相对独立于西方金融体系，并且行之有效。这些经验对俄方而言有重要借鉴价值。”①

2. 主张两国之间开展深度的金融合作

俄罗斯经济学家斯米尔诺夫（A. B. Смирнов）撰文指出：“我们有一些东西需要向中国学习，他们在一些方面已经赶超我们，中俄两国在金融领域发展合作有助于两国的共同繁荣，共同克服世界经济问题。”② 俄罗斯科学院世界经济和国际关系研究所国际资本市场部主任米尔金（Я. М. Миркин）也指出：“中国以顽强、执着和理性的精神，在金融领域向所有人发出挑战，的确令人羡慕，昔日不如我们的大国，如今正快马加鞭发展。2001 年，中国的货币供应量折合成美元仅相当于美国的 1/4，到 2016 年已达到 133%。”③

尽管俄罗斯也有相当一部分人士认为本国在金融领域的发展并不逊色于中国，甚至在一些领域（货币的自由兑换、财政预算经议会三读的严格审核制度等），可以发现，俄罗斯的金融体系也有自己的独特优势。包括俄罗斯经受住了西方一轮又一轮的

---

① 王文：《感受俄罗斯悄然“偷师”中国》，《环球时报》2018 年 4 月 11 日。

② Китайский опыт поможет России, https://www.bfm.ru/news/15814.

③ Юань показал рублю путь наверх, https://rg.ru/2018/03/27/iakov-mirkin-kto-bystree-rastet-i-izmeniaetsia-tot-i-silnee.html.

制裁和施压的考验，也说明了俄罗斯财经体制的韧性。但无论如何，俄方越来越多地积极主张两国之间开展深度的金融合作，现任俄罗斯第一副总理兼财政部部长西卢阿诺夫（А. Г. Силуанов）就是这方面的坚定支持者，他早在2005年出任俄财政部副部长期间就力主中俄强化金融合作，认为两国在金融领域开展合作具有巨大潜力。在双边合作层面，西卢阿诺夫提出两国就税法、审计、共同打造金融评级机构等寻求合作，并希望推进两国在包括本国货币互换结算、互相开放金融服务市场、推进双方国有银行之间的深度合作，预防经济和金融风险。2014年，他曾倡议中俄两国打造共同的评级机构，重点评估两国之间和跨地区投资项目及其经济效益，时机成熟之时，可将评级标准推广到与亚洲国家之间的合作领域。2017年，为应对西方的经济和金融制裁，他提出俄罗斯国债发行需要多元化，包括购买以人民币为单位的国债，并且不是一次性购买，而是基础长期合作。为此，俄罗斯需要减少对资本流出的诸多限制，让两国的金融合作深化、常态化，而不是追求短期的投资收益。在多边合作层面，他主张两国在国际组织框架内开展积极合作，比如金砖国家、G20，还主张中国加入欧亚发展银行（2006年由俄罗斯主导构建，成员国包括俄罗斯、哈萨克斯坦、吉尔吉斯斯坦、塔吉克斯坦、白俄罗斯、亚美尼亚等6国），认为此举有助于该组织资本扩大和信贷排名的提升。他还表示，其领导的财政部愿意与中国相关部门共同推进“一带一盟”对接合作框架内的资金融通。由此可见，以西卢阿诺夫为代表的当代俄罗斯自由派开始更多的关注中国的金融发展及其巨大潜力，并主张推动两国之间的金融合作。

3. 对中国绿色金融发展的期盼

这一情况显然与20世纪90年代和21世纪前十年的情况相比，有明显的改善。俄罗斯国内的主流媒体，如《塔斯社》、《俄罗斯新闻社》、《俄罗斯商业咨询日报》等，也对中国的绿色金融发展进行过多次报道。目前俄罗斯的绿色金融还处于形成阶段，[①]每年都会从联邦预算中投入一些用于该领域发展。[②]当前，中俄两国在绿色金融领域的合作处于相互了解阶段，如中国人民大学下属的绿色金融中心，曾在第四届中俄经济对话期间，召集中俄两国经济学家就绿色金融展开了研讨，俄方学者对中方的相关研究成果非常感兴趣。

① О. В. Богачева, О. В. Смородинов, “Государственные меры по организации и развитию рынка «зеленых» облигаций”, Финансовыйжурнал / Financial-journal, No3. 2016, С. 55–65.

② В.М.Сергеевна,“Зеленые финансы в обеспечении экономической безопасности государства”,Ученые записки Международного банковского института, 2016, № 17. С .34–41.

三、以加强实践和深化研究推进俄对华认知的积极趋势

虽然，当前俄罗斯对华认知出现上述新的积极变化，但不得不指出的是，这些变化的态势远不意味着最终定型，且显示出一定的脆弱性特征。为此，有必要继续巩固这些积极变化，进一步充实当前和未来中俄战略伙伴关系的内涵与发展空间。

第一，需要以契合实际的扎实努力和深入研究，推动塑造更为健全、理性的俄罗斯对华认知。从国家层面来讲，需要积极回应俄罗斯心态调整，深化与俄合作，为两国进一步增进互信提供机会。国家需要对赴俄公民进行提前和恰如其分的教育，塑造公民正面形象，对中国公民在俄的不文明行为给予批评教育，情节恶劣的直接列入黑名单，限制赴俄，甚至是出境。从社会层面来讲，智库要发挥运用各种交往空间便利开展二轨外交，接触并培育俄罗斯对华友好力量，为两国加强沟通、深化各领域合作提

供更多平台。同时，要为来华留学生提供更多了解中国发展经验、学习中国文化的机会，动员更多中国高校面向包括俄罗斯在内的“一带一路”沿线国家招收学生，培养更多知华、能够为两国之间的交流与合作发挥积极作用的青年人。此外，在媒体宣传领域，中俄两国应进行沟通和深度合作，各自通过对方媒体采取专栏形式，定期报道本国的大政方针或者两国关系中的热点问题；中国的专家学者可以利用俄方媒体平台就中俄关系中的热点问题发表自己的看法，同时注意对外宣传必须把握正确的舆论导向，以求正确引导俄罗斯对华舆情。

第二，以积极而慎重的态度借鉴俄罗斯相对优势，加强互信互鉴。长期在莫斯科生活的中国企业家谢林就指出：“中俄关系正在进入新时代。两国都要放下身段，超越历史，认真发掘对方的优点与长处。”俄罗斯一直具有扎实的文化科技底蕴，普京执政前 8 年经济高速增长期间，俄罗斯将能源获得的一些外汇收入用于更新教育资源。[①] 目前在航空、航天、军事、卫星等方面，俄罗斯仍拥有相对优势，如，俄罗斯的格洛纳斯是世界四大卫星导航系统之一。因此，当前中国应该继续专注于中俄双方共同的发展问题，在面临外部挑战与压力、各种可能的制裁背景下，客观评价俄罗斯的大国优势、潜能以及挑战与风险，寻求多方面的更广阔的合作空间。

---

① Рой Медведев. Дмитрий Медведев: Двойная прочность власти. Москва: Время, 2009. С. 43–60.

第三，俄希望提升中俄双方合作水平的一些公开评论，需要引起关注。俄专家斯科瑟列夫（Владимир Скосырев）最近在《独立报》撰文，提出："欧亚经济联盟与'一带一路'对接目前尚无一个项目落实"；"2013 年中国前往欧洲的铁路运输 99%从俄罗斯过境，而至 2017 年初，这一比例已至 15%。"① 但另一方面，根据俄媒体透露：俄央行统计中国对俄直接投资在 2016 年为 3.5 亿美元，2018 年上半年为 1 亿美元。这一数额对于战略伙伴大国身份而言，并不太相符。尤其是 2017—2018 年上半年，中国企业因担心美国制裁，从俄撤出 10 亿美元的投资。同时，俄对华投资微不足道。相比较而言，俄罗斯在 2016—2018 年对美直接投资为 13.1 亿美元，对英投资 14.4 亿美元，而这两个国家却对俄进行着严厉的制裁。② 这说明中俄金融合作的规模还相对有限。对于这些在"对接"实施过程中的问题，显然应该通过研究和磋商，切实予以协调、解释和解决。

---

① Владимир Скосырев. Россия остается на обочине Нового шелкового пути// Независимая газета. № .233. 29 октября 2018. С. 6.

② Валентин Катасонов. Китайские инвесторы обходят Россию стороной. Китай видитмного привлекательного в российской экономике, но не хочет подставляться подвторичные санкции США. 10.12.2018.https://www.fondsk.ru/news/2018/12/10/kitajskie-inv estory-obhodjat-rossiju-storonoj–47271.html.

结　语

为了推动更加合理、更加健康的国际资源配置体系的形成，中国和俄罗斯等非西方国家仍然需要紧密合作，在当前的国际体系中争取更多的话语权，同时引导国际体系向有利于发展中国家和新兴国家的方向转型。在此背景下，进一步夯实中俄战略协作关系基础、提升两国务实合作水平具有重大的现实意义，这就要求中俄两国不断加强相互信任、相互认知水平，特别是在两国发展问题上互学互鉴。

改革开放以来，中国高速增长的经济给世界不少国家留下了深刻印象，越来越多的国家开始关注中国发展经验。俄罗斯也不例外，其国内越来越多地出现重视中国发展经验的声音，并在一些领域尝试参考或借鉴中国经验。但鉴于中国自身也存在新的发展风险、面临新的挑战，借助俄罗斯对华认知变化的积极态势，中国也需要务实并夯实发展内核动力，提炼中国经验，汲取俄罗斯现存优长，以双赢利益为动力，让俄罗斯更愿意与中国开展合作，推动合作的可持续发展。

后记　巩固大国关系典范，智库有责

中国人民大学重阳金融研究院（人大重阳）作为中国特色新型智库的重要代表，自成立之初，就努力开拓以全球治理、大国关系为主题的智库外交工作，在APEC、G20、金砖机制、“一带一路”等多边机制研究与跨国智库合作上屡有重大进展，与俄罗斯智库的合作，是其中最重要的进展之一。自2017年以来，人大重阳与俄罗斯总统经济顾问格拉济耶夫博士团队在北京、莫斯科、圣彼得堡等地联合举办了六届中俄智库经济对话，受到了两国决策层的高度重视，逐渐成为中俄两国非官方经济与思想交流的重要平台与渠道。其间，双方联合发布了多份研究报告，为中俄两国立足双边，辐射亚欧，走向世界开展经贸合作提出了深刻有益的见解，有的还获得了决策者的高度重视。

2019年是中俄建交70周年。70年里，中俄在政治、经贸、文化领域都取得了瞩目的成果，尤其是近年来，中俄关系已成为“大国关系的典范”。时间是最好的朋友，也是最好的见证。2013 年，习近平当选中国国家主席后，选择俄罗斯作为首次出访的第一站，同普京总统一道掀开中俄关系新篇章。6 年来，习近平主席 8 次到访俄罗斯，两国元首在各个场合会面 30 多次。以习近平主席 2019 年 6 月访俄为契机，中俄关系升级为“新时代中俄全面战略协作伙伴关系”，两国关系与时俱进，实现了提质升级。站在新的历史起点上，中俄关系迎来新的发展机遇。

在长期的对俄调研中，我逐渐注意到俄罗斯对华心态正在悄然发生变化。从过去延续苏联“老大哥”的传统，慢慢转变为互学互鉴的“好伙伴”。这种心态的转变为新时代的中俄两国关系深化发展奠定了基础。从全球的角度来讲，中俄是维护世界和平安全的中流砥柱，当前世界并不太平，世界格局加速演变，单边霸凌行径横行。身处世界百年未有之大变局，中俄面临的外部风险和共同挑战上升，中俄承载着两国人民和国际社会的更大期待。尽管如此，中俄的利益纽带仍然显得不够牢靠，双边合作仍然“政热经冷”，这是因为中俄经济上依旧缺乏合作交流的内生动力。未来如果要进一步深化中俄合作，两国就应该像政治合作一样，在经济、文化、外交、安全、科技等领域全面寻找新的合作契合点，激发深化合作的天然“荷尔蒙”。

在第七届中俄智库经济论坛举办前夕，人大重阳对前六届中俄智库经济对话成果进行了总结，取其精华，汇聚成此书，旨在从以往对俄研究工作中吸取有益经验，帮助中俄双方相互取长补短。其中三篇是人大重阳与格拉济耶夫博士团队的联合研究报告，旨在对中俄金融合作、中俄欧亚合作倡议等议题的联合研究，其中一份还邀请了哈萨克斯坦方面的智库参与。另外两篇是人大重阳关于“冰上丝绸之路”与“俄罗斯对华心态”的研究报告。从整体上看，该书堪称从宏观发展角度对双边金融经济合作、“一带一路”与“欧亚经济联盟”的对接状况、俄罗斯社会对华心态变化和“冰上丝绸之路”等四个重大议题对中俄未来合作的两国关系研究最新代表性成果。

中俄交往风雨兼程，两国关系愈发成熟、稳定、坚韧。置身百年未有之大变局，中俄智库将继续在双边交流中扮演重要的“资政启民”角色，“智库外交”将更加灵活与高效。百尺竿头，更进一步，人大重阳将以此为起点，在未来精益求精，继续与俄罗斯格拉济耶夫博士团队开展“二轨外交”，助力两国合作朝着更加健康务实的方向发展。

我们感谢格拉济耶夫博士团队和人大重阳相关同事为此书付出的辛勤努力，也感谢外交部、发改委、财政部、中联部等部委领导为人大重阳和中俄经济智库对话提供的各种支持和帮助。

我们还要感谢指导本次书稿写作的中联部前副部长周力、中国人民大学副校长吴晓球。人大重阳执行院长王文、助理院长贾晋京、杨清清与前中国驻吉尔吉斯坦等国大使姚培生、当代中国与世界研究院副院长于运全、中国社会科学院美国研究所副所长倪峰、北京师范大学“一带一路”学院院长胡必亮等参与多次中俄对话，人大重阳关照宇、张婷婷等年轻学者为书稿的写作及部分内容的公开发表作出重要贡献。

参与此次书稿编辑的外方团队主要由俄罗斯科学院院士、俄罗斯联邦总统经济顾问谢尔盖·格拉济耶夫、俄罗斯自然科学院院士亚历山大·阿格耶夫、俄罗斯“皮特林·索罗金–尼古拉·康德拉季耶夫国际研究所”执行所长德米特里·米贾耶夫、伊兹博尔俱乐部常任理事、副主席亚历山大·纳戈尔内等为代表的俄罗斯总统经济顾问团队；以瓦尔代国际辩论俱乐部欧亚项目主任、高等经济学院欧洲和国际综合研究中心主任蒂莫菲·博尔达乔夫等为代表的瓦尔代俱乐部团队，以及来自哈萨克斯坦国际委员会的专家同仁在此一并表示感谢。当然，本书中的诸多纰漏之处，由编者承担，敬请海涵。

王　文

2019 年 11 月 1 日于北京

责任编辑：曹　春　李琳娜
封面设计：汪　莹

图书在版编目（CIP）数据

开启亚欧新时代：中俄智库联合研究两国共同复兴的新增量／中国人民大学重阳金融研究院 编写；王文，（俄罗斯）谢尔盖·格拉济耶夫（Sergey Glaziev）主编．—北京：人民出版社，2019.11
ISBN 978－7－01－021435－1

Ⅰ.①开…　Ⅱ.①中…②王…③谢…　Ⅲ.①对外经济合作－研究－中国
Ⅳ.①F125.551.2

中国版本图书馆CIP数据核字（2019）第239981号

开启亚欧新时代
KAIQI YAOU XIN SHIDAI
——中俄智库联合研究两国共同复兴的新增量

中国人民大学重阳金融研究院　编写

王　文　[俄罗斯] 谢尔盖·格拉济耶夫　主编

人民出版社 出版发行
（100706　北京市东城区隆福寺街99号）

北京汇林印务有限公司印刷　新华书店经销

2019年11月第1版　2019年11月北京第1次印刷
开本：710毫米×1000毫米 1/16　印张：12.5
字数：120千字

ISBN 978－7－01－021435－1　定价：69.00元

邮购地址 100706　北京市东城区隆福寺街99号
人民东方图书销售中心　电话（010）65250042　65289539

中国人民大学重阳金融研究院图书出版系列

一、智库作品系列

王文、贾晋京、卞永祖等:《大金融时代——走向金融强国之路》,人民出版社 2019 年版。

吴晓求主编:《中国改革开放 40 年与中国金融学科发展》,中国经济出版社 2019 年版。

格拉济耶夫:《最后一场世界大战　美国挑起与输掉的战争》,世界知识出版社 2019 年版。

中国人民大学重阳金融研究院主编:《强国与富民》,中国人民大学出版社 2019 年版。

王文:《强国长征路:百国调研归来看中华复兴与世界未来》,中共中央党校出版社 2019 年版。

刘伟主编:《“一带一路”这五年的故事》(7 本六大语种),外文出版社 2019 年版。

周洛华:《货币起源》,上海财经大学出版社 2019 年版。

[英] 罗思义:《别误读中国经济》,天津人民出版社 2018 年版。

王文:《看好中国》(英文版),英国莱斯出版社 2018 年版。

刘伟主编:《中国改革大趋势》,人民出版社 2018 年版。

程诚:《“一带一路”中非发展合作新模式“造血金融”如何改变非洲》,中国人民大学出版社 2018 年版。

王利明主编:《新丝路、新格局——全球治理变革的中国智慧》,新世界出版社 2018 年版。

陈晨晨:《富豪政治的悖论与悲喜》,世界知识出版社 2018 年版。

郭业洲主编:《“一带一路”民心相通报告》,人民出版社 2018 年版。

王文:《看好中国:一位智库学者的全球演讲》,人民出版社 2017 年版。

何亚非:《风云激荡的世界》,人民出版社 2017 年版。

刘伟主编:《读懂“一带一路”蓝图》,商务印书馆 2017 年版。

王文、刘英:《金砖国家:新全球化的发动机》,新世界出版社 2017 年版。

费伊楠、中国人民大学重阳金融研究院:《全球治理新格局——G20 的中国贡献与未来展望》,新世界出版社 2017 年版。

刘伟主编:《“一带一路”故事》(7 本六大语种),外文出版社 2017 年版。

何伟文:《世界新平庸,中国新思虑》,科学出版社 2017 年版。

王义桅:《“一带一路”:中国崛起的天下担当》,人民出版社 2017 年版。

刘戈:《在危机中崛起:美国如何成功实现经济转型》,中信出版集团 2016 年版。

中国人民大学重阳金融研究院、中国人民大学生态金融研究中心:《绿色金融与“一带一路”》,中国金融出版社 2017 年版。

中国人民大学重阳金融研究院：《破解中国经济十大难题》，人民出版社 2017 年版。
王文：《伐谋：中国智库影响世界之道》，人民出版社 2016 年版。
王文、贾晋京编著：《人民币为什么行——大国强，其货币必然强》，中信出版集团 2016 年版。
中国人民大学重阳金融研究院：《中国—G20——同舟共济　合作共赢》（大型画册），五洲传播出版社 2016 年版。
中国人民大学重阳金融研究院：《G20 问与答》，五洲传播出版社 2016 年版。
辛本健编著：《全球治理的中国贡献》，机械工业出版社 2016 年版。
中国人民大学重阳金融研究院：《"一带一路"国际贸易支点城市研究》（英文版），新世界出版社 2016 年版。
中国人民大学重阳金融研究院：《2016：G20 与中国》（英文版），新世界出版社 2016 年版。
王义桅：《世界是通的——"一带一路"的逻辑》，商务印书馆 2016 年版。
[英] 罗思义：《一盘大棋？——中国新命运解析》，江苏凤凰文艺出版社 2016 年版。
王文：《美国的焦虑：一位智库学者对美国的调研手记》，人民出版社 2016 年版。
中国人民大学重阳金融研究院：《2016：G20 与中国》，中信出版集团 2016 年版。
中国人民大学重阳金融研究院主编：《"一带一路"与国际贸易新格局："一带一路"智库研究蓝皮书 2015—2016》，中信出版集团 2016 年版。
中国人民大学重阳金融研究院主编：《G20 与全球治理：G20 智库蓝皮书 2015—2016》，中信出版集团 2016 年版。
中国人民大学重阳金融研究院主编：《"一带一路"国际贸易支点城市研究》，中信出版集团 2015 年版。
[美] 黑尔佳·策普—拉鲁什、威廉·琼斯主编：《从丝绸之路到世界大陆桥》，江苏人民出版社 2015 年版。
王永昌编著：《财富新时代——如何激活百姓的钱》，中国经济出版社 2015 年版。
陈雨露主编：《生态金融的发展与未来》，人民出版社 2015 年版。
绿色金融工作小组：《构建中国绿色金融体系》，中国金融出版社 2015 年版。
王义桅：《"一带一路"机遇与挑战》，人民出版社 2015 年版。
庞中英：《重建世界秩序——关于全球治理的理论与实践》，中国经济出版社 2015 年版。
徐以升、马鑫：《金融制裁——美国新型全球不对称权力》，中国经济出版社 2015 年版。
陈雨露主编：《大金融与综合增长的世界——G20 智库蓝皮书 2014—2015》，中国经济出版社

2014 年版。

中国人民大学重阳金融研究院主编：《欧亚时代——丝绸之路经济带研究蓝皮书 2014—2015》，中国经济出版社 2014 年版。

中国人民大学重阳金融研究院主编：《重新发现中国优势》，中国经济出版社 2014 年版。

中国人民大学重阳金融研究院主编：《谁来治理新世界——关于 G20 的现状和未来》，社会科学文献出版社 2014 年版。

二、学术作品系列

马中、周月秋、王文主编：《中国绿色金融发展研究报告 2018》，中国金融出版社 2018 年版。

吴晓求主编：《全球视野下的金融学科发展》，中国金融出版社 2018 年版。

王文、翟永平丛书主编，张俊杰主编：《"一带一路" 投资绿色标尺》，人民出版社 2018 年版。

王文、翟永平丛书主编，张俊杰主编：《"一带一路" 投资绿色成本与收益核算》，人民出版社 2018 年版。

马中、周月秋、王文主编：《中国绿色金融发展报告 2017》，中国金融出版社 2018 年版。

刘志洋、宋玉颖：《互联网金融风险及监管研究》，中国金融出版社 2017 年版。

郑志刚：《从万科到阿里——分散股权时代的公司治理》，北京大学出版社 2017 年版。

中国人民大学重阳金融研究院：《金融杠杆与宏观经济：全球经验及对中国的启示》，中国金融出版社 2017 年版。

马勇：《DSGE 宏观金融建模及政策模拟分析》，中国金融出版社 2017 年版。

朱澄：《金融杠杆水平的适度性研究》，中国金融出版社 2016 年版。

马勇：《金融稳定与宏观审慎》，中国金融出版社 2016 年版。

庄毓敏、陆华强、黄隽主编：《中国艺术品金融 2015 年度研究报告》，中国金融出版社 2016 年版。

三、金融下午茶系列

董希淼：《有趣的金融——一位意见领袖眼中的金融大变革》，中信出版集团 2016 年版。

刘志勤：《插嘴集》，九州出版社 2016 年版。

刘志勤：《多嘴集》，九州出版社 2014 年版。

中国人民大学重阳金融研究院主编：《金融是杯下午茶》，东方出版社 2014 年版。